中国文明的起源

校订本

夏鼐 著

天地出版社 | TIANDI PRESS

图书在版编目（CIP）数据

中国文明的起源/夏鼐著. — 成都：天地出版社，
2023.5（2024年1月重印）
　ISBN 978-7-5455-7223-0

　Ⅰ. ①中… Ⅱ. ①夏… Ⅲ. ①文化史-研究-中国
Ⅳ. ①K203

中国版本图书馆CIP数据核字（2022）第152364号

ZHONGGUO WENMING DE QIYUAN
中国文明的起源

出 品 人	杨　政
作　　者	夏　鼐
校　　订	王世民
责任编辑	龚风光　李晓波
责任校对	马志侠
责任印制	王学锋

出版发行	天地出版社
	（成都市锦江区三色路238号　邮政编码：610023）
	（北京市方庄芳群园3区3号　邮政编码：100078）
网　　址	http://www.tiandiph.com
电子邮箱	tianditg@163.com
经　　销	新华文轩出版传媒股份有限公司
印　　刷	北京博海升彩色印刷有限公司
版　　次	2023年5月第1版
印　　次	2024年1月第2次印刷
开　　本	880mm×1230mm　1/32
印　　张	9.25
字　　数	196千字
定　　价	98.00元
书　　号	ISBN 978-7-5455-7223-0

版权所有◆违者必究
咨询电话：（028）86361282（总编室）
购书热线：（010）67693207（营销中心）

如有印装错误，请与本社联系调换。

夏鼐（1910—1985）

校订本出版说明

2022 年 7 月 2 日

现在重新出版的夏鼐著《中国文明的起源》，是他作为中国社会科学院副院长兼考古研究所名誉所长，于 1983 年应日本广播协会（NHK）的邀请，在日本所作三次广播讲演的文稿集。因其在中国考古学发展史上具有重要的历史价值和现实意义，特约请长期在他身边工作的学生、曾主编《夏鼐文集》《夏鼐日记》等书的王世民先生，根据 1984 年出版的 NHK 丛书第 453 种日文原本和 1985 年 7 月文物出版社出版的中文译本，对本书进行了校订。除改正了原本中的若干错字，重新制作了图版和插图（个别稍有调整），还以"本书增注"的形式补充了后来发表的 20 多条相关文献，对个别稍显陈旧或有歧义的内容，则以"编者注"的形式补充说明；部分长文注释集中编排为知识版块；部分区域名称变更附于书尾。另附与《中国考古学的回顾和展望》一文密切相关的《新中国的考古学》《新中国的考古发现和研究·前言》二文，以加深理解本书的意义。现由王世民先生对本书的意义及相关问题说明如下：

人所共知，夏鼐作为中国现代考古学的奠基人之一，对中国考古学的全面发展作出了卓越贡献。他是新中国考古人才的主要培育者，曾连年亲自为考古工作人员训练班和北京大学考古专业讲授"考古学通论"和"田野考古方法"，培养了田野工作的第一批业务骨干，将科学的田野考古方法普及到全国各地。他亲自主持辉县、长沙、西安、洛阳及黄河三门峡水库区等一系列田野工作，指导西安半坡、偃师商城、安阳殷墟、汉唐两京、北京明定陵和长沙马工堆汉墓等重点地区的重要发掘，长时间对《考古学报》《考古》各期和考古学专刊进行出版前的仔细审阅，从而缔造了中国考古学界实事求是、不尚空谈的严谨学风。

夏鼐在20世纪50年代和60年代初是主持考古研究所日常工作的常务副所长，几次发表一定时间内考古新发现的综述文章，点评某些考古发现的学术价值，对全国考古工作提出指导性意见，特别是规范考古学上的文化定名问题，导引考古工作的健康发展。而1962年夏鼐被任命为考古研究所所长以后，应党中央理论刊物《红旗》杂志之约撰写的《新中国的考古学》一文，则从社会发展理论的高度，高屋建瓴地将1949年以来的考古发现与研究归纳为六个方面的基本课题，即：人类的起源和人类在我国境内开始居住的时间问题，生产工具和生产技术的发展以及人类经济生活的问题，古代的社会结构和社会关系问题，国家起源和夏代文化问题，精神文化（艺术、宗教、文字等）方面问题，汉族形成和中华民族共同体形成的过程问题。其中国家起源和夏代文化便属于中国文明的起源问题。这集中体现了夏鼐建立和完善中国考古学学科体系的学术思想，也进一步明确了中国考古学的研究方向。

意义尤为重大的是，夏鼐在《新中国的考古学》中最早指出："根据考古资料，现今汉族居住的地区，在新石器时代存在着不同的文化类型。在黄河流域的中游和下游，也有很大的差异，古史传说中也有这种反映。"1977年发表的《碳-14测定年代和中国史前考古学》一文，根据当时公布的年代数据，结合文化内涵和地层证据，全面讨论中国新石器文化的起源和年代序列，相互关系与发展谱系，正式宣布中国新石器文化的发展并非黄河流域一个中心的多元说。认为各地文化类型的不同，"表明它们有不同的来源和发展过程，是与当地的地理环境适应而产生和发展的一种或一些文化"。夏鼐提出这种观点，比其他学者早许多年，具有极大的突破性，进一步推进了中国考古学研究。

十一届三中全会实现党和国家工作中心战略转移以后，中国考古学会在"拨乱反正"的形势下宣告成立，考古研究各方面的工作得以正常发展。中国社会科学院考古研究所集体编写《新中国的考古发现和研究》一书（1984年出版），总结新中国成立以来约三十年考古工作各方面的巨大成就，体现了中国考古学学科体系的建立状况。夏鼐为该书所写的前言中强调：新中国考古学发展的标志，"首先是以马克思列宁主义、毛泽东思想作为指导我们工作的理论基础"。又说："'古为今用'这一方针的正确含义，在考古学方面应该是根据以科学理论所取得的结论，来充实历史唯物主义的武库，以宣传马克思主义，同时用以宣传爱国主义，以便增进我们建设社会主义的自信心和民族自尊心。"这些话明确了考古研究的政治方向。夏鼐在日本讲演《中国考古学的回顾与展望》时，简明扼要地讲述不同历史时期考古工作的巨大成就，同样贯穿着这样的观点。他说："中国考古学的飞跃发展，使研究世界文明史的学者们对于全球性的理论问题提出新看法或修改旧看法的时候都要把中国考古学的新成果考虑进去。"

中国现代考古学发展的早期阶段以及新中国成立初期，由于相关材料较为匮乏，尚不具备系统考察中国文明起源问题的条件。夏鼐在稍晚发表的《中国原始社会史文集》的序言中提到："严格地说起来，我国黄河流域进入阶级社会的时代（即原始社会解体的时代），……由于我国现下能确定为铜石并用期和早期青铜文化发现得不多，所以我们对这阶段的知识很贫乏，我们对这个问题还不能作十分确定的答复。"但是，夏鼐发表《新中国的考古学》以后的二十年间，中国考古学的巨大成就中最具突破性的是对早期考古学文化的研究。随着碳-14测年技术的引进，中国中心地区新石器文化面貌和年代序列日益明确，铜石并用期和早期青铜文化遗存及许多城堡遗址得到肯定；而对于灿烂的青铜文化，不仅从殷墟向上追溯到二里岗文化、二里头文化，取得了郑州商城和二里头遗址的丰富收获，更发现宏大、规整的偃师商城，于是中国文明起源问题便自然而然地提到了中国考古学的议事日程。夏鼐以中国考古学界领导人的身份，1983年3月在日本讲演《中国文明的起源》，1985年3月又在英国史前学会成立50周年纪念会上作同样题目讲演，首先从考古学上提出探讨中国文明的起源，是这方面研究肇始的重要标志。他在国际学术舞台上阐明自己的观点，一方面展现出中国学者独立探究此课题的努力和成果，另一方面也说明这一课题具有广泛的世界性。

夏鼐于1985年去世以后，中国社会科学院考古研究所曾举办中国文明起源问题研讨活动。1990年考古所派遣文明起源课题组五名成员，前往浙江、上海、江苏、辽宁，对良渚文化和红山文化的最新重大发现进行学术考察；1991年冬邀请四省（市）学者，共同实地考察考古所的二里头、偃师商城、陶寺、殷墟等重要遗址发掘，然后在北京进行三天研讨性座谈，并且发表了长篇研讨会纪要。后来，该研讨活动因故被搁置起来。但有关考古单位和考古学者的个别研讨仍在持续进行。2004年夏季，正式命名为"中华文明起源与早期发展综合研究"，简称"中华文明探源工程"，在进行了三年预研究（2001—2003年）的基础上，作为列入"十五""十一五"和"十二五"期间国家科技支持的多学科结合重大科研项目，宣告正式启动。特别是十八大以来，文明探源项目研究广泛开展，蔚为大观，相关单位为此进行了一系列重要的考古发掘与研究。最新研究成果显示：在距今5000年前，我国已进入文明阶段，出现了国家，进入"古国"时代。这表明，中华文明的起源和早期发展是一个多元一体的过程，最终融汇凝聚出以二里头文化为代表的文明核心，开启了夏商周三代文明。

我们在这个时候重新出版夏鼐将近四十年前的这部著作，仍有重要的现实意义。夏鼐曾告诉我们，中国文明起源是中国史前考古学和世界文明史上至关重要的课题，其理论意义在于是"传播论派和独立演化派的争论的交锋点"。他综合考察世界文明古国的发展进程，强调"文明"一词的含义是"指一个社会已由氏族制度解体而进入有了国家组织的阶级社会的阶段"。并且进一步指出文明社会的标志是："这个社会中除了政治组织的国家以外，已有城市作为政治（宫殿和衙署）、经济（手工业以外，又有商业）、文化（包括宗教）各方面活动的中心。"夏鼐说过："它们一般都已经发明文字和能够利用文字作记载，并且都已知道冶炼金属。文明的这些标志中以文字最为重要。"但这些并不是绝对的，他在同时即已指出"秘鲁似为例外，仅有结绳记事"。夏鼐在为中文译本首次出版补写的提要中强调，进行中国文明起源的探索，"主要对象是新石器时代末期或铜石并用时代的各种文明要素的起源和发展，例如青铜冶铸技术、文字的发明和改进、城市和国家的起源，等等"。这些论断，无不闪耀着理论的光辉。习近平总书记在主持中央政治局第三十九次集体学习时明确指出："中华文明探源工程成绩显著，但仍然任重而道远，必须继续推进、不断深化。"认真领悟近四十年前夏鼐论断的内涵，对于当前的研讨仍有深刻的指导意义。我们重新出版本书，用意就在于此。

夏鼐在日本的讲演，还有一个题目《汉唐丝绸和丝绸之路》。中国是历史悠久的丝绸大国，虽然早有学人热衷于探究古代丝绸，如同金石学家接触青铜器，但他们侧重于鉴赏，并未进行现代化的工艺研究。1962 年夏鼐撰写长篇论文《新疆新发现的古代丝织品——绮、锦和刺绣》，开拓了汉唐丝织品的制织工艺研究。夏鼐出生在著名瓯绸的生产中心地温州，乡土和家庭的熏陶使他早就知晓养蚕、缫丝、织绸的基本流程，着手研究新疆新出土的丝织品时又广泛阅读西方学者的有关论著，所以根据出土标本残片和放大照片的分析判断，加以自己揣摩和试行编织，便能绘制出合乎科学要求的各种织物的组织结构图，因而精辟地作出论断：汉代采用经线显花法，分区布线达到五彩缤纷的效果；而经过魏晋南北朝发展到唐代，由于受到西方的影响，织锦改为采用纬线显花法，形成花纹更为绚丽多彩的风格。原先他曾认为："有些丝织物需要提花综四五十片之多，因之推断当时织机已有提花设备。"夏鼐在日本的讲演，娓娓讲述他研究汉唐丝织物的开拓性见解，但转而提到："最近我研究了马王堆汉墓的丝织物之后，我同意 H.B. 柏恩汉（Burhan）的意见，汉代提花织物可能是在普通织机上使用挑花棒织成花纹的。真正的提花机的出现可能稍晚。"事实上，夏鼐研究马王堆汉墓丝织物主要是在 1972 年秋审阅该墓发掘报告时开始的。1982 年他专程前往湖北江陵，考察马山 1 号楚墓出土的战国丝织品，看到一种用挑花棒挑成凸起精美花纹的平纹织物，类似于缂丝。因而他同意了加拿大学者柏恩汉的意见。想不到的是三十年以后，成都天回镇老官山的一座西汉景帝至武帝时期木椁墓，竟然出土四架竹木制作的提花织机模型。经中国丝绸博物馆的专家复原研究，判定属于两种一勾多综式提花机，复制的原大提花机成功地仿织出几种汉锦。从而充分证明，中国提花机出现的年代很早，夏鼐原先的推断是完全正确的。对此我们已在本书中增加补注予以说明。

目 录

序言 - 001

第一章　中国考古学的回顾和展望

近代考古学的诞生 - 003
探求人类的祖先 - 008
各地所发现的新石器文化 - 012
青铜器文化 - 036
两周时代的考古学 - 042
秦汉时代 - 058
魏晋南北朝时期 - 073
隋唐考古学 - 078
宋以后的考古学 - 090
近代考古学所带来的丰硕成果 - 099
中国考古学的将来展望 - 102
需要解决的诸问题 - 110
与外国的学术交流 - 112

附：新中国的考古学 - 113
附：《新中国的考古发现和研究》前言 - 128

第二章　汉唐丝绸和丝绸之路

中国丝织物的出现 - 137

汉代丝绸业发达的原因 - 140

平织的织机和提花机的出现 - 146

汉代丝织物的种类 - 149

优质的织锦和绒圈锦 - 156

刺绣和印花的丝织物 - 164

华美的纹样图案 - 168

汉代丝绸流经丝绸之路 - 174

由于西方影响而发展起来的唐代丝织物 - 186

第三章　中国文明的起源

文明起源的早晚 - 201

小屯的殷墟文化 - 211

作为都市的殷墟 - 213

商殷时代的文字制度 - 218

已经发达的青铜器铸造技术 - 222

殷墟文化独有的特点 - 230

郑州二里岗文化 - 236

偃师二里头文化 - 240

文明的起源与新石器文化 - 244

中国文明是否系独立地发展起来的 - 250

中国考古、发掘简略年表 - 253

附　录

夏鼐先生与中国考古学 - 262

书夏鼐先生讲演集后 - 272

《中国文明的起源》部分区域变更 - 277

序　言

夏　鼐
1985年3月2日

　　这书是我于1983年3月应日本广播协会（NHK）的邀请在日本所作的三次公开讲演稿。当时我分别在东京（3月9日）、福冈（3月11日）和大阪（3月13日）三地讲演。这些讲演于录像后配上日语翻译和说明，由日本广播协会的电视广播电台向日本全国广播，每次放送四十分钟。这三次讲演汉文底稿，由小南一郎副教授译成日文，加上京都大学樋口隆康名誉教授和九州大学冈崎敬教授的序跋、注释（解说）和附表后，编成为演讲集的日文版。冈崎教授的注释和附表部分，是由西村俊范先生协助完成的。这日文版于1984年4月由日本放送出版协会列为NHK（日本广播协会）丛书第453种而出版了。

　　原来的汉文讲演稿，由于对象是日本收听电视广播的听众，所以力求通俗易懂，同时又想把中国考古学最新成果扼要加以介绍，并对其中一些问题，略谈我自己的认识和评价。这样一来，这讲演稿对于一般读者来说可能仍不易懂，而由专家们看来，可能又觉得太肤浅，没有多少新意。所以，我原来是不打算出汉文版的。但是国内的朋友劝我还是出汉文版，以满足不懂日文的读者们的需求。《考古》上的那篇评介（1984年8期）出来后，文物出版社的同志正式提出要出版这书汉文版的建议，我也就同意了。

日译者小南一郎先生最近来信说：日文版第一版七千册于4月10日出版后，不到一个月便售罄了。第二版二千册于5月20日出版后，不到半年又售罄。第三版三千册已于1985年2月10日在日本东京发行。一本中国考古学的书籍能够在日本这样畅销，是出乎我的意料的。这反映现下中日两国人民的友谊进入高潮时刻，日本民众中存在"中国热"现象。他们渴想知道中国的过去和现在。我这本小书或许不能满足他们的希望和要求，但是如果这书能稍稍起了一种促进日本人民对于中国的友谊和了解的作用，那我也就满意了。

最后，我在本书的日文版序言中曾说过："我这次讲演旅行的成功和讲演集的日文版的出版，是由于日本广播协会（NHK）川原正人会长和协会中有关的各位先生的精心安排和热心援助，对此我表示衷心地感谢。日文版的出版，小南一郎副教授致力于编辑和翻译的工作；结交二十七年的老友樋口隆康教授和冈崎敬教授对于日文版加以详细校阅，西村俊范先生帮助他们做好加注的工作，我同样地表示衷心地感谢"。这次我决定在国内出汉文版以后，当我和他们联系时，日本广播协会荒井治郎理事在回信中不仅欢迎我们出汉文版，而且代为取得樋口教授、冈崎教授和西村先生的同意，他们答应可以把他们所写的序跋、注释和附表译成汉文收入汉文版中。我在这里再一次向他们致谢。这部分的汉译工作和全书的编辑工作，包括搜集和编排图版的工作，是由陈公柔同志来做的。文物出版社的有关同志，尤其是楼宇栋同志，为本书出版费了很多的力量，我对他们极为感谢。书中的插图和图版较日文版略有增添及更动；插图、图版都是文物出版社和中国社会科学院考古研究所提供的，并此致谢。当然，书中如有错误或欠妥的地方，都应由我自己负责。我衷心希望读者们提出批评意见和指正。

第一章

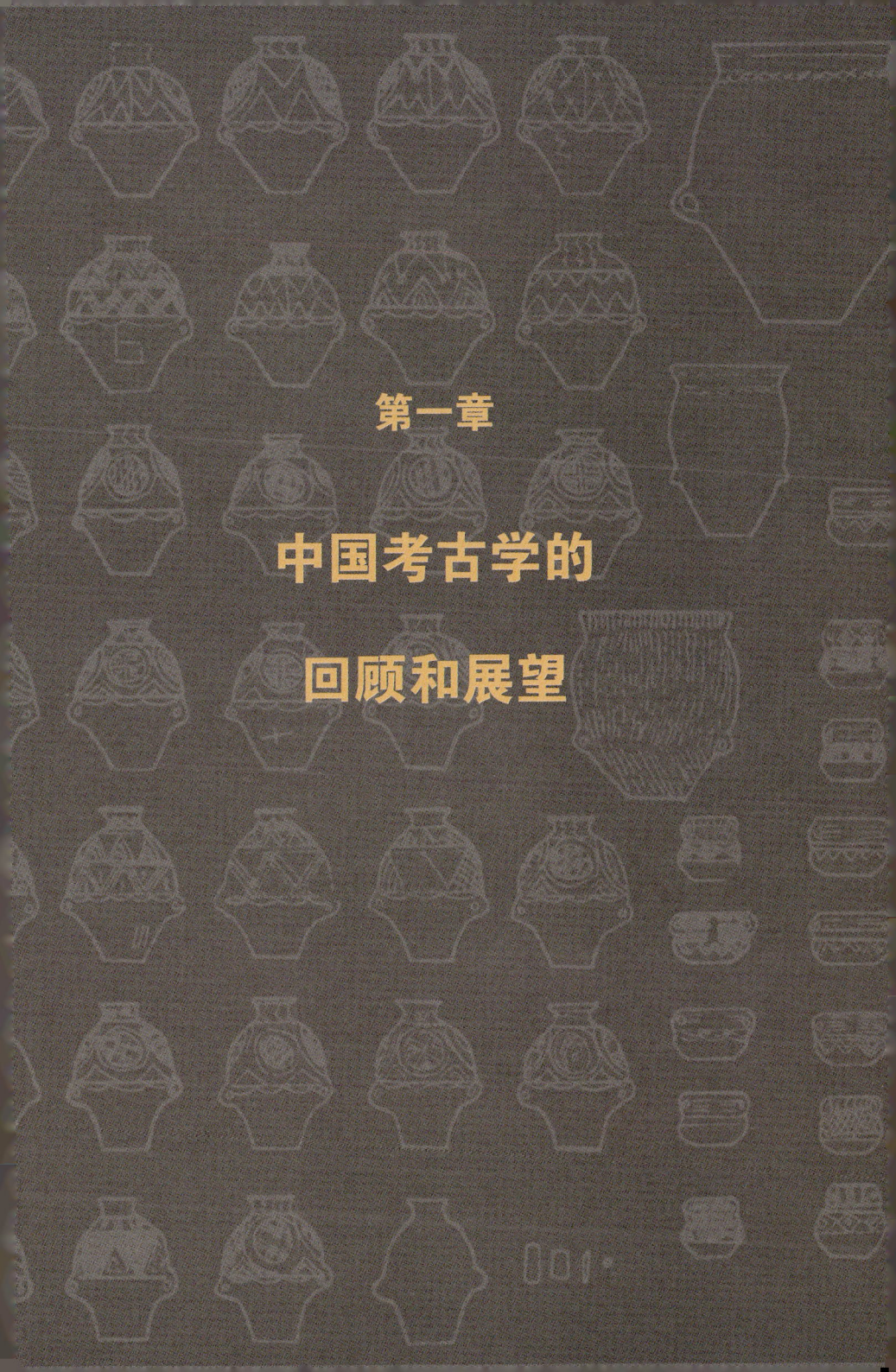

中国考古学的
回顾和展望

提　要

从 20 世纪 20 年代殷墟的发掘工作开始以来，可以说中国的近代考古学已经诞生了。同时，周口店北京猿人洞的发掘将中国境内人类*活动的历史，提前了四五十万年。现下，又提前了几十万年。用碳-14 测定的考古学上的数据也已发表了。

现在已经知道的早期新石器时代的文化如磁山·裴李岗文化，其年代为公元前 6000 年—前 5700 年。延续下来的半坡文化，约为公元前 5000 年—前 4500 年。属于仰韶文化的彩陶美术，在黄河中游庙底沟二期时已渐行衰落；而在黄河上游，如甘肃仰韶文化反而发达起来了。

在长江流域的浙江省余姚县，发现了河姆渡文化，其时代为公元前 5000 年，是以水稻为主要农作物的。在黄河流域，从庙底沟二期文化逐渐衍变为河南龙山文化。关于夏王朝，还有待于获得确实的材料才好得出结论。近年知道，在安阳殷墟以前有郑州二里岗文化，较这更早的还有偃师二里头文化。由于殷墟妇好墓的发掘，使我们对于商代古坟的年代更加明确了。

西周、东周以及秦代的遗址不断发现。

关于汉代的考古，在长安、洛阳等处之外，还发现了长沙马王堆的汉墓、河北省满城县刘胜墓，等等。

关于唐代考古，已弄清了长安的都城及大明宫、西市、青龙寺等遗址的保存情况。从乾陵前面的陪冢及何家村的窖藏中出土的金银器和中外钱币，包括日本的和同开珎，这些都很重要。它们正像日本所发掘的高松冢古坟在日本考古新发现中的重要性一样，都占有重要地位。

宋代以后的考古，曾调查发掘了浙江省龙泉窑等窑址；在北京曾调查了元大都遗址。明代万历皇帝的定陵的发掘也是很重要的。

（＊）〔编者注〕北京猿人的生物学分类是直立人，现代人的生物学分类是智人。

近代考古学的诞生

这次是我第三次前来访问日本。前两次是 1963 年和 1979 年。那两次我都曾以中国考古学的现状作为讲演题目,向日本朋友们介绍中国考古学的当时的现状。这次日本广播协会又要我讲这个题目。幸得在中国几乎每一年都有一些考古新发现,而这些新发现不仅只是补充已有的知识,有时还使我们完全改变原来的看法,重新考虑问题,形成了新的看法。所以每次重新介绍现状[1],都会有些新东西。

中国考古学的发展,到 20 世纪的 20 年代,才进入近代考古学的阶段。从 18 世纪以来,一直到 20 世纪初,中国的学者继承和发展了北宋时(11 世纪前后)开始兴起的**金石学**[2],又利用新出土的古器物,做了大量的整理研究工作。对于中国近代的考古

---

(1) 文物编辑委员会编:《文物考古工作三十年》,文物出版社,1979 年。
文物编辑委员会编、关野雄监译:《中国考古学三十年》,平凡社,1981 年。
中国社会科学院考古研究所:《新中国的考古发现和研究》,文物出版社,1984 年。
(2) 〔作者补注〕关于金石学,可参阅《〈殷周金文集成〉前言》,见《考古》1984 年 4 期,357—360 页。

学的诞生，他们作出了一定的贡献。中国近代考古学的另一来源是西方资本主义国家的科学，其中一个特别有关的学科是地质学。到了20世纪的20年代，中国黄河流域的考古工作便突然兴盛起来。地质调查所从1921年开始陆续发现和发掘一系列新石器时代遗址，包括著名的仰韶村遗址。1927年又开始发掘周口店的北京猿人遗址。最近（1982年9月18日）去世的**裴文中**[3]博士曾于1929年在这个遗址发掘中发现了第一个北京猿人的头盖骨。1928年开始发掘**安阳殷墟**。周口店和殷墟这两个遗址不仅文物丰富，并且学术价值很高。这两项发掘工作自开始以来，现在都已超过五十年了。但是它们蕴藏的宝物，还远未罄竭。当年的周口店发掘工作是国际合作性质的，除了中国学者，还有好几个国家的专家都参加了。更早的20世纪初年外国人在新疆和东北的考古发掘工作，则没有中国学者参加。殷墟的发掘工作完全是我们中国人自己做的。所以，可以说近代考古学这时在中国已经诞生了。

我自己是在1935年春在安阳殷墟初次参加考古发掘的，到现今已近半个世纪了。这半个世纪中，最初一段时间因为环境不利，中国考古学的发展经历了一个困难和曲折的过程。解放以后，在顺利的条件下，它得到空前的蓬勃发展。这顺利的新条件，是党和政府的重视、历史唯物主义思想的指导和配合大量基本建设的需

（3）〔作者补注〕关于裴文中的生平和贡献，可参阅安志敏：《裴文中先生传略》一文，见《考古学报》1983年1期。

要。回顾这三十多年的发展，我亲眼看到中国考古学的长大成年，开花结果。今天我怀着莫大的喜悦心情向在座的朋友们来介绍它的现状。

金石学

原指研究刻在金石上面的文字（金石文）而言。在中国，金石学研究的范围包含了诸如甲骨文、封泥、砖瓦陶文、竹木简、古钱币等凡不属于写在纸上的一切古文字资料。

北宋以后，出版了为数不少的专门图录、考释的书。宋徽宗敕命将宫中收藏的以殷周为主的青铜器编印为《宣和博古图》三十卷。元明时代，此学稍衰。到清代，金石学随考据之学的发展而大为盛行。顾炎武、阮元、钱大昕、吴大澂、罗振玉、王国维等名家辈出，蔚然大观。

随着近代考古学的发展，新的古文字资料大量出土，研究金石文字之学，已经成为文献史学、考古学的重要辅助科学之一。

裴文中（1904—1982 年）

研究旧石器、古生物学的著名学者。河北省丰南县人。1927 年于北京大学地质系毕业后，参加周口店发掘。后留学巴黎大学。回国后，任实业部地质调查所周口店办事处主任，至七七事变止，一直从事周口店的发掘工作。

解放后，历任中国科学院古脊椎动物与古人类研究所研究员、北京自然博物馆馆长、中国考古学会副理事长、九三学社常务委员等职。

裴文中手捧"北京人"头盖骨化石

1929 年，裴氏于周口店第一地点首次发现北京猿人头盖骨（现在下落不详）；其后又主动倡导发掘了山顶洞、第十三地点、第十五地点等处，弄清了周口店遗址的概况。此外还调查发掘了四川省资阳县、山西省襄汾县丁村等处的旧石器时代遗址，以及河南渑池县仰韶村、甘肃一带的新石器时代遗址。1953 年，与夏鼐共同指导了洛阳烧沟汉墓的发掘工作。

主要著作有：*Fossil man in China*（《中国的化石人》，1933 年）、《中国史前时期的研究》（1948 年）、《中国石器时代的文化》（1954 年）、《中国猿人》（1972 年）。

安阳殷墟

殷墟位于今河南省安阳市西北部，乃殷代后期都城遗址。从 20 世纪初，此地即以出殷代甲骨而闻名于世。1928 年，中央研究院历史语言研究所成立伊始，选择了此地进行发掘。其后，由于七七事变而中断，共计进行了十五次发掘。

在洹河南岸的小屯村，发掘了不少有版筑台基的建筑物，以及和建筑物有关的墓葬、竖穴灰坑，还出土了大约一万片以上的甲骨。在洹河北岸的侯家庄，发掘了被认为是殷代王陵的大墓十数座。另外，还包括小墓千余座。墓葬中出土了大量的陶器和青铜器。

解放前十五次发掘的成果，已由台湾省"中央研究院"整理编印为《中国考古报告集》，陆续刊发多册。

中国科学院考古研究所（现属中国社会科学院）成立后，一直在这里继续进行发掘。主要的收获有：武官村大墓、小屯的妇好墓、小屯南地甲骨，等等。发掘地点也扩大到了殷墟的外围地区。

探求人类的祖先

新中国考古学的重要收获之一是把人类在中国土地上活动的历史提前了一百来万年。新发现的蓝田人（图1-1）和元谋人，他们的年代都比北京人（图1-2、1-3）早。根据**古地磁学的测定**[4]，最初有人认为元谋人距今约170万年，但最近再加研究，有人认为不超过73万年，即可能为距今60万—50万年[4A]。蓝田人距今约80万—65万年，而北京人则最近

图1-1　蓝田人复原像

（4）〔作者补注〕关于古地磁学的测定，可参阅马醒华、钱方：《古地磁与旧石器时代考古》一文，见《考古》1978年5期。

此外，关于元谋人的年代问题，即以元谋人化石出土的地层和年表上的时期相对照，究竟应该和哪一个时期相吻合，还有不同的见解。

（4A）〔作者补注〕刘东生、丁梦林：《关于元谋人化石地质时代的讨论》，见《人类学学报》，2卷1期（1983年），40—47页。说元谋人化石年代应不超过73万年，可能距今60万—50万年。

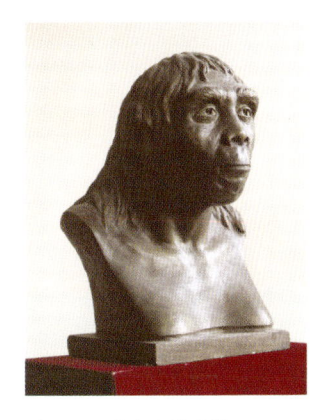

图 1-2 北京人复原像　　图 1-3 北京猿人头盖骨化石模型

确定距今约 46 万至 23 万年[4B]。旧石器时代遗址曾新发现多处。1980 年和 1981 年在安徽和县两次发掘中所发现的直立人（Homo erectus）的头盖骨和下颌骨化石，和北京猿人的年代相当，体质特征也相近。这证明当时直立人在中国分布颇广。在云南禄丰县继 1976 年发现**腊玛古猿**[5]的下颌骨之后，1980 年和 1981 年冬又发现四具这种生活于一千万年以前的腊玛古猿头骨化石。这是从猿到人过渡阶段的似人化石。或以为是人类和现存猿类的共同祖先。这个新发现为**人类起源于亚洲说**提供了论证。

（4B）〔作者补记〕夏明：《周口店北京猿人洞骨化石铀系年龄数据——混合模式》，见《人类学学报》1 卷 2 期（1982 年），191—196 页，以为 1—3 层为 23 万余年，8—9 层为 40 万余年。

（5）〔作者补注〕中国云南境内新发现的腊玛古猿及其重要性，可参阅《云南禄丰古猿化石地点再次发现腊玛古猿头骨》，见《人类学学报》1 卷 1 期（1982 年）；吴汝康等：《腊玛古猿和西瓦古猿的形态特征及其系统关系》，见《人类学学报》2 卷 1 期（1983 年）和 3 卷 1 期（1984 年）。

古地磁学的测定

地球磁场的方向不是固定的，随着岁月的变迁会发生倒转。地球磁场的方向，常常保存于迄今为止各个不同时代形成的岩石之中。

包括现在在内，和现在磁场的方向相同的时期，称之为布容正向极性期；而在这以前的倒转期，称之为松山反正向极性期。各个时期中，磁场对磁极期的整体来讲，常含有一段短暂的、一般称之为"事件"的反对时期。因此，关于时期的划分还可以再详细一些。

此外，根据钾氩测定法测出各个时期的确实年代，从而作出地球整体的古地磁极性的年表来。然后，测定拟测地点的层位的古地磁的方向，用来和上述的年表相互比较，就可以得出所要测定的地层的年代。

腊玛古猿（Ramapithecus）

生存于距今约1500万年至1200万年前，即自中新世至上新世的具有人的特征的高等灵长类。其分布范围很广，大体上包括印度、东非及欧洲。

用他来和已知的、最早的人类祖先南方古猿（Australopithecus）*相比较，其抛物线型的牙齿排列和单个牙齿的特征，和南方古猿的非常相似，很有可能其食性和行动类型也是非常相似的。

（*）［编者注］有观点认为，南方古猿是已知最早的人科，也是从猿到人转变的第一阶段。

人类起源于亚洲说

19世纪后半，有名的《进化论》作者达尔文以为，现存灵长类中最接近人类的大猩猩和黑猩猩（Gorilla）的生息地点为非洲，因而认为人类发祥地也可能在非洲。于是有人类起源于非洲说。

另外，19世纪末，人们在爪哇发现了爪哇人以及20世纪20年代在周口店发现了北京人，这种被认为最早的人类即原人（直立人/Homo erectus）阶段的骨化石陆续地是在亚洲发现的；并且在亚洲也生息过诸如猩猩、长臂猿之类的灵长类动物；加之从地理上看，亚洲又正是处于人类生息的世界各大陆的中心位置，因而有学者认为人类起源于亚洲，主张人类起源于亚洲说。

其后，因为近年来在东非发现了大量的比原人更早的猿人（南方古猿）阶段的骨化石和石器，有人再次力主人类起源于非洲说；但是最近在爪哇、印度、中国华南等地，相继发现了有可能属于人科的腊玛古猿的骨化石。于是，也有人认为人类的发祥地应该在亚洲南部，禄丰的腊玛古猿，即其证据之一。

各地所发现的新石器文化

新石器时代方面，新发现的遗址已经公开发表的有七千余处，经正式发掘的也在百处以上。这些发现所提供的大量新资料已经使各地的原始文化的面貌日益明确。尤其是由于**碳-14 测定年代法**的采用[6]，不同地区的各种新石器文化有了时间关系的框架，中国的新石器考古学因为有了确切的年代序列而进入一个新时期。现下已测定的考古学方面的数据已达 913 个之多。这些数据已由考古研究所实验室的同志们把它们汇集在一起，作为一本专刊《中国考古学中碳十四年代数据集》出版（1983 年 8 月）。

最引人注意的是 20 世纪 70 年代末所发现的早期新石器时代文化，即分布在河北省南部和河南省北部的磁山·裴李岗文化[7]。

（6）参阅中国社会科学院考古研究所：《中国考古学中碳十四年代数据集（1965～1981 年）》，文物出版社，1983 年。

〔本书增注〕中国社会科学院考古研究所：《中国考古学中碳十四年代数据集（1965—1991）》，文物出版社，1992 年。

（7）安志敏：《裴李岗、磁山和仰韶——试论中原新石器文化的渊源及发展》，《考古》1979 年 4 期。

李友谋、陈旭：《试论裴李岗文化》，《考古》1979 年 4 期。

〔本书增注〕河北省文物管理处、邯郸市文物保管所：《河北武安磁山遗址》，《考古学报》1981 年 3 期。开封地区文管会、新郑县文管会：《河南新郑裴李岗新石器时代遗址》，《考古》1978 年 2 期。

它比仰韶文化早，约在公元前6000年到前5700年（校正过的碳-14断代，以下同）。当时主要的农作物是粟类，并且已知道驯养猪和狗，可能还有家鸡。住宅是半地穴式，屋旁还有储藏粮食的窖穴。陶器较为原始，都是手制的，陶质粗糙，火候不高（图1-4、1-5）。石器有舌形铲、凹刃有齿镰（图1-6、1-7）、椭圆斧、磨棒和带足或无足的磨盘（图1-8）。当然，这种文化还有它的渊源。如果我们继续探索，向上追溯，或可找到中国农业、畜牧业和制陶业的起源。

20世纪50年代发现的半坡遗址[8]，现今成为仰韶文化早期的典型代表。仰韶文化以其精美的彩陶闻名于世（图1-9）。由于半坡的发掘，我们对于这样一座新石器时代村落遗址有了一个全面的认识，包括他们的住宅结构和布局、制陶业和其他手工业的技术和组织、埋葬制度和墓地的位置、生产工具和经济生活、社会组织等各方面。现在我们又知道半坡遗址年代是公元前5000年—前4500年，稍晚于磁山·裴李岗文化。就文化内涵而言，两者

（8） 中国科学院考古研究所、陕西省西安半坡博物馆：《西安半坡：原始氏族公社聚落遗址》，文物出版社，1963年。

图1-4 小口双耳陶壶（河南新郑裴李岗遗址文化遗物）

图 1-5　三足陶钵（河南新郑裴李岗遗址文化遗物）

图 1-6　舌形铲（河南郏县水泉裴李岗文化遗物）

图 1-7　石镰（河南新郑裴李岗遗址文化遗物）

图 1-8　石磨盘与石磨棒（河南郏县水泉裴李岗文化遗物）

图 1-9 彩陶盆（半坡仰韶文化遗物）

似有承继的关系，不过在发展过程中已发生了质的变化。彩陶的图案，反映了当时人民的审美观念。这种彩绘美术在黄河中游到了**庙底沟二期**便衰落了[9]。但是在黄河上游的甘肃青海地区，彩陶作为一种美术更为发展了。所谓"甘肃仰韶文化"[10]包括马家窑文化和半山-马厂文化，都有很华丽图案的彩陶（图 1-10、1-11、1-12）。年代则前者为公元前 3000 年左右，后者为公元前 2500 年—前 2000 年左右。1974—1980 年在青海乐都柳湾墓地[11]发

（9）参阅中国科学院考古研究所：《庙底沟与三里桥：黄河水库考古报告之二》，科学出版社，1959 年。

（10）张学正、张朋川、郭德勇：《谈马家窑、半山、马厂类型的分期和相互关系》，《中国考古学会第一次年会论文集》，文物出版社，1980 年。

（11）青海省文物考古队：《青海彩陶》，文物出版社，1980 年。
〔作者补注〕青海省文物管理处考古队、中国社会科学院考古研究所：《青海柳湾》，文物出版社，1984 年。

图 1-10 裸体人像彩陶壶（马家窑文化、柳湾采集，高 34 厘米）

图 1-11 彩陶大罐（马家窑文化，临夏三坪，高约 48 厘米）

图 1-12 舞蹈纹彩陶盆（马家窑文化，大通上孙家）

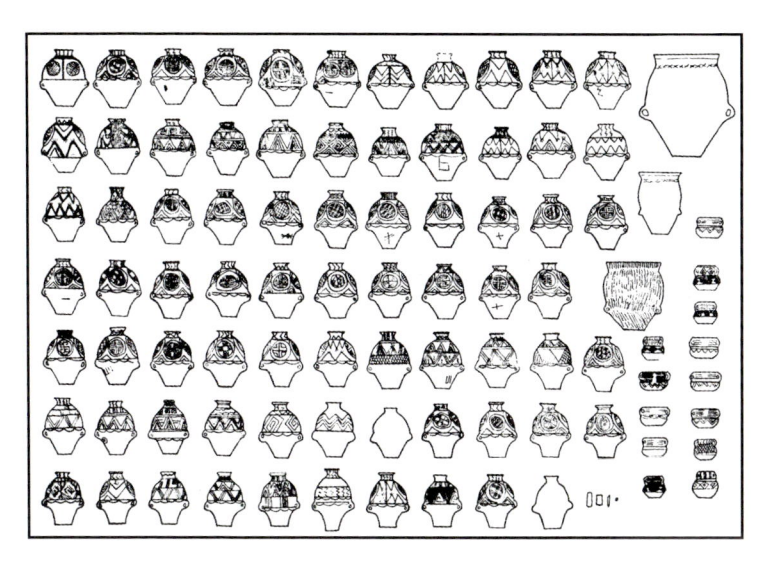

图 1-13 青海柳湾 564 号墓出土陶器

掘 1714 座以半山-马厂文化为主的墓葬，随葬陶器达一万余件，彩陶壶、罐便有八千多件。现在以 564 号墓为例，它的陶器便达 91 件之多，有彩陶 86 件，其中 74 件为彩陶壶（图 1-13）。

长江流域的新石器时代考古学，在解放后有了很大的发展。最重要的是浙江余姚河姆渡文化的发现[12]。它的年代与北方黄河流域的仰韶文化早期（半坡）同时，或许开始稍早。当时这一带气候比较温暖潮湿，居住点的周围环境是分布有大小湖沼的草原灌木地带。河姆渡文化的居住房屋是木结构（图 1-14），主要农作物是水稻。这是远东及南亚各国主要粮食作物——水稻——从远古时代遗留下来的最早的实物标本，年代约在公元前 5000 年（图 1-15）。家畜有狗和猪，可能还有水牛。石器有斧和锛，还发现有木质、角质的器柄和骨耜（图 1-16）等。因为这里的文化层已在潜水面以下，所以许多木器如船桨、耜、碗、筒等都能够保存下来。陶器制作比较原始，都是手制的，胎壁粗厚，造型不整齐（图 1-17、1-18）。从前我们认为**良渚文化**（约公元前 3300 年—前 2300 年）是我们所知道

（12）浙江省博物馆自然组：《河姆渡遗址动植物遗存的鉴定研究》，《考古学报》1978 年 1 期。

　　河姆渡遗址考古队：《浙江河姆渡遗址第二期发掘的主要收获》，《文物》1980 年 5 期。

　　[作者补注] 浙江省文管会、浙江省博物馆：《河姆渡遗址第一期发掘报告》，见《考古学报》，1978 年 1 期。

　　[本书增注] 浙江省文物考古研究所：《河姆渡——新石器时代遗址考古发掘报告》，文物出版社，2003 年。

图1-14 河姆渡遗址的木构建筑

的长江下游最早的新石器文化,并且认为良渚文化是龙山文化向南传播后的一个变种。实则这里是中国早期文化发展的另一个中心,有它自己独立发展的过程[13]。此外,庙底沟二期文化的发现,证实了从仰韶到**河南龙山文化**的过渡期的存在[14],纠正了前人以为二者曾同时存在,东西对立的看法。

---

(13) [本书增注] 浙江省文物考古研究所:《瑶山》,文物出版社,2003年;《反山》二册,文物出版社,2005年。

(14) 20世纪80年代初,在河南省淮阳县平粮台发掘了一处遗址。这是一座边长185米的城址,有城墙、城门、陶制下水管道等类似城市的设施。从这里,可以看到当时社会发展水平的一个侧面。参阅:
安志敏:《中国的新石器时代》,《考古》1981年3期。
严文明:《龙山文化和龙山时代》,《文物》1981年6期。
[本书增注] 河南省文物研究所、周口地区文化局文物科:《河南淮阳平粮台龙山文化城址试掘简报》,《文物》1983年3期。

图 1-15　河姆渡出土的稻谷和稻茎叶

第一章　中国考古学的回顾和展望　023

图 1-16　河姆渡骨耜

024 中国文明的起源

图 1-17 刻鱼藻纹盆

图 1-18 刻猪纹方钵

山东地区的新石器文化，从前只知道有龙山文化以光亮的黑陶著名。1959年发现的大汶口墓地，以另一种风格的彩陶而著名。**大汶口文化**[15]后来被证明较龙山文化为早，而分布范围大致相同。20世纪60年代至70年代又发掘了滕县北辛庄和平度县东岳石村。前者比大汶口文化更早，碳-14年代约为公元前5300年—前4300年。文化因素有陶器上的窄堆纹和陶制支座，石磨盘和磨棒是一般大汶口文化中没有见到的[15A]。后者却填补了龙山文化至商文化之间的空隙，现称为**岳石文化**[16]，年代约为公元前1900年—前

---

(15)　山东省文物管理处、济南市博物馆：《大汶口：新石器时代墓葬发掘报告》，文物出版社，1974年。
　　　［作者补注］参阅《大汶口文化讨论文集》，齐鲁书社，1979年。
　　　［本书增注］山东省文物考古研究所：《大汶口续集：大汶口遗址第二、三次发掘报告》，科学出版社，1997年。
(15A)［作者补注］关于北辛庄类型的遗存，参阅《新中国的考古发现和研究》，文物出版社，1984年，95—96页。
　　　［本书增注］中国社会科学院考古研究所山东队、山东省滕县博物馆：《山东滕县北辛遗址发掘报告》，《考古学报》1984年2期。
(16)　［中译者补注］根据本文脱稿后所发表的论文，知道岳石文化的分布范围是相当广泛的，包括山东和江苏北部，与山东龙山文化的分布范围大体上是一致的。从层位关系可以知道它介于山东龙山文化和郑州二里岗上层文化之间，和碳-14所测出的年代是不矛盾的。陶器似乎具有相当独特的风格，制作也很粗糙。这里没有见到山东龙山文化中所特有的鬶，石斧的型式也是很特殊的。
　　　赵朝洪：《有关岳石文化的几个问题》，《考古与文物》1984年1期。
　　　［作者补注］参阅《新中国的考古发现和研究》，103—105页。
　　　［本书增注］中国社会科学院考古研究所山东发掘队：《山东平度东岳石村新石器时代遗址与战国墓》，《考古》1962年10期；《山东牟平照格庄遗址》，《考古学报》1986年4期。山东大学历史系考古专业教研室：《泗水尹家城》，文物出版社，1990年。

1500 年。岳石文化中已出现青铜小件器物，陶器上印压有云雷纹和变体夔纹。所以山东地区史前文化的发展自有其发展的序列，与中原地区和江浙地区不同。黄河中下游有东西相对的两个文化圈，不过与仰韶文化相对的是大汶口文化，而不是山东龙山文化（图1-19、1-20、1-21、1-22）。

总之，这三十年来在各地区发现过好几个前所未知的新石器文化。对于它们以及原已知道的如仰韶文化等，我们曾加以分析，有的可区分为几个类型，有的可以依早晚分期。当时各种文化在中国的大地上争妍竞秀，并且常常互相影响，互相渗透，交织成一幅瑰丽的图景，而且为后来独特的、灿烂的中国文明打下了基础[16A]。

[16A]〔作者补注〕参阅《苏秉琦考古学论述选集》（1984 年）有关各篇和安志敏：《中国新石器时代论集》，文物出版社，1982 年。

图1-19 白陶盉(潍坊姚官庄,高42厘米)

028　中国文明的起源

图 1-20　蛋壳陶高柄杯（胶县三里河）

图 1-21　黑陶杯（胶县三里河）

图 1-22 带盖陶罍(胶县三里河)

碳-14 测定年代法（Radiocarbon dating）

具有强力放射性的宇宙射线注入地球大气之中，同地球大气发生作用，即与空气中的原子发生核反应，从而产生出和普通碳素原子重量不同的同位素碳-14。同位素碳-14的半衰期为5000年（一般在5570—5730年）*，是一种寿命较长的放射性原子；在放出β射线的同时，通过衰变过程向安定的氮原子转变。

空气中的碳-14与普通的碳素一样，和氧气相结合产生二氧化碳，通过与植物的光合作用，而被动植物吸收成为养料。

空气中碳-14的浓度（全碳素中的碳-14和普通碳素的比例）由于受到宇宙射线经常补充而处于不变的平衡状态。另外，生物在死亡之前，身体中的碳-14浓度常和大气中的碳-14浓度保持平衡。一旦有机物死亡之后，其身体中的碳-14便得不到补充，就要逐渐衰变、减少。

只要能知道某种有机物死亡时大气中碳-14的浓度，再测定现在该有机物中所含碳-14减少的程度，就可以计算出该有机物死亡的年代。但是，因为过去大气中碳-14浓度不可能测定出来，就假定它与现在大气中的浓度是相同的，假定大气中碳-14浓度自古以来是保持不变的，而将这个数据作为测定值公布出来。其数据一般用B.P.年代来表示（从公元1950年算起，表示距现在若干年前的数据）。

（*）〔编者注〕目前考古学中测定碳-14采用的半衰期数值为5730±40年。

碳-14年代测定是有误差的。例如：数据如果为1000±100B.P.则表示所求得的年代在900～1100B.P.之间者，概率为68%，在800～1200B.P.之间者，概率为95%，在700～1300B.P.之间者，概率为99.9%。因此，如果以为1000B.P.的概率为最高，比它较早或较晚的就意味着它们的概率要低，这便不对了。

对测定距今约7000年以内的测定数据，要进行年轮校正。树木年轮，是反映气温、雨量等气候变化的，每年生出厚薄不同的轮。根据加利福尼亚所产树木的年轮而描绘出的年轮序列的曲线图，已可以上溯到7000年以前。这样就可以定出年轮各部分的确切年代来。测定这种年代确切的各年轮的碳-14年代以后，对照这正确的年代来检查，可以对其他标本的碳-14年代进行校正。

庙底沟二期

庙底沟位于河南省西部陕县，在黄河支流的青龙涧河的河岸台地上，是一处新石器时代的遗址。1956年—1957年，中国科学院考古研究所在这里进行了发掘。文化堆积可以分为三期，即仰韶、庙底沟二期、东周。庙底沟二期文化，具有从仰韶文化向龙山文化过渡的过渡期性质，是早期龙山文化。出土陶器中没有典型的黑陶，而是以灰陶为主，并有红陶、彩陶各若干。陶器全为手制，纹饰以篮纹、绳纹为主。没有见到带有龙山文化特征的轮制以及方格纹陶器。也没有出现鬲、甗、鬶等器物。除了大型石斧、半月形石刀之外，还出现蚌刀，说明农业已经很发达。居址的居住面上涂以白灰面。这一点，乃是龙山文化所共有的。

同一类型的文化，分布于陕西省东部、山西省南部、河南省西部。可以看出，龙山文化是在仰韶文化发展的基础上出现的。* 从文化分布的地域上讲，这是一种很重要的文化。

良渚文化

广泛分布于江苏省南部、浙江省北部从太湖到钱塘江周围一带地方的一种新石器时代文化。它是从长江下游的河姆渡、马家浜文化（按：日文原注作青莲岗文化）衍续下来的一种文化。** 陶器以轮制泥质黑陶为主，器表经过打磨，无纹饰。所出陶器的器形，和山东龙山文化的陶器有很多相似之处。

水稻栽培和饲养家畜（水牛、犬、羊）已相当发达。形制特异的石铲等耕作工具和石刀同出。还有木杵、箩、"屉"形器等相当多的竹木器，而在河姆渡文化中占显著地位的骨器，这里已见减少。

据碳-14年代测定，约为公元前4000年纪末到公元前3000年

（*）〔编者注〕龙山文化是继承仰韶文化的观点，是受限于当时的考古资料而得来。现考古确认，龙山文化是在山东大汶口文化的基础上出现的。尔后，龙山文化影响传播至河南、山西、陕西、湖北诸省，与同时期的新石器时代文化交流融合，形成了具有相当文化共性的文化，如河南龙山文化、陕西龙山文化等，有学者将这些"类龙山文化"，称为"龙山期"或"龙山时代"。

（**）〔编者注〕良渚文化遗址中心位于浙江省杭州市余杭区瓶窑镇，其最大特色是出土的玉器，包含璧、琮、冠形器、玉镯、柱形玉器和玉钺等器形。

纪前半，和河南龙山文化、大汶口文化约略并行，而早于山东龙山文化。*

河南龙山文化

是通过庙底沟二期文化从仰韶文化中发展过来的一种文化，一般称之为后冈二期文化。** 它和山东龙山文化的内涵、时代方面都有不同。

和仰韶文化一样，河南龙山文化也是以粟等杂粮生产为生活基础的，但生产工具有显著进步。磨制石器非常发达，收获用具的石镰、蚌镰，数量大为增加。陶器方面，陶土经过精选，并且是用轮制的。烧窑技术也很有进步，因而能生产出大量精致的灰陶来。器形以鼎、甗等炊具为主，但也发现有鬲、甗。

还发现了盉、鬻、斝等，大约是作为祭祀用的酒器，并有利用大型哺乳动物的肩胛骨来占卜的习俗。这些，都表示随着农业生产日益稳定，而社会组织逐渐复杂化了。墓葬有同性合葬、二次葬、集体葬，等等，显示着浓厚的集体色彩；但在随葬品的质和量上则出现了差别。

（*）［编者注］据新的年代测定，良渚文化存在时间为公元前3300年—前2300年，实证中华五千年文明史。2019年7月，良渚遗址获准列入《世界遗产名录》。

（**）［编者注］新的考古学观点认为，河南龙山文化主要分布在豫西、豫北和豫东一带，上承庙底沟二期文化，一般分为王湾三期、后冈二期和王油坊（造律台）三个类型。

大汶口文化

一种主要分布于山东省的新石器时代文化。它和河南、陕西的仰韶文化中、晚期以及庙底沟二期文化约略是并行的。

陶器以红陶、灰陶为主,黑陶、白陶次之,也有少量彩陶。晚期开始用轮制陶器。器形以壶、罐、杯、鼎、镂孔豆、高脚杯等为主,晚期出现了鬶、盉等酒器。陶器很少有带纹饰的。石器以有孔石斧、石刀为主,用骨和牙制的装饰品,小型工具类很丰富。

墓葬是土坑墓,有的有原始的木椁。随葬品方面已存在着贫富的差别。可以看出来,有拔齿和头盖骨人工变形的习俗。

山东龙山文化和大汶口文化的分布地域,大致上是相重叠的,现在一般认为它是继承了大汶口文化而发展起来的。

岳石文化

这种文化最初发现于山东半岛中部平度县东岳石村,因而得名。由于报告尚未发表,其详细内容不甚了解。[*]

陶器有特色,以褐陶及黑衣灰陶为主,前者为手制;后者为轮制。器表以素面并经过打磨者为多,纹饰有云雷纹、之字形纹、变体夔纹等,皆为印捺的。陶器中有甗、罐、尊、盆、器盖,等等。

(*) 〔编者注〕岳石文化的年代为公元前 1900 年—前 1600 年,一般认为是东夷人创造的一种古老文化。

从山东半岛最前端的牟平县照格庄出土有卜骨和青铜锥。经碳-14测定,其年代约为3840±135B.P.,3695±130B.P.。论年代,它应处于山东龙山文化和中原的商文化的中间地位。它和这两者在陶器方面有相当大的差别。

青铜器文化

关于中国的青铜时代,从前只知道安阳殷墟出土物所反映的灿烂的青铜文化(图1-23)。现在由于三十年来的新发现,知道安阳殷墟以前还有郑州二里岗文化[17],更早的还有偃师二里头文化[18]。后者的第三期已有宫殿(图1-24、1-25),并且墓葬中有青铜器和玉器。有人认为这里属于夏文化,另有一些人认为是商代开国后成汤建都的西亳。至于更早的遗存当归入夏朝时代[18A]。但是在考古

---

(17) 河南省文化局文物工作队:《郑州二里岗》,科学出版社,1959年。
(18) 殷玮璋:《二里头文化探讨》,《考古》1978年1期。
    〔作者补注〕又可参考殷玮璋:《二里头文化再探讨》,《考古》1984年4期,和其所引有关的参考文献。
    〔本书增注〕中国社会科学院考古研究所:《偃师二里头:1959年~1978年考古发掘报告》,中国大百科全书出版社,1999年。
(18A)〔作者补注〕:1983年在河南偃师尸乡沟勘探出一座商城,后来加以发掘。这座城有夯土城墙,东西最宽处为1215米,南北长达1700米以上。城门已发现四处,又探出四处大型夯土建筑群或建筑基址,有一处已于1984年发掘。简报见《考古》1984年6期,又1985年4期。
    〔本书增注〕中国社会科学院考古研究所:《偃师商城》第一卷,科学出版社,2013年。

图 1-23 小屯殷代宫殿宗庙遗址全貌

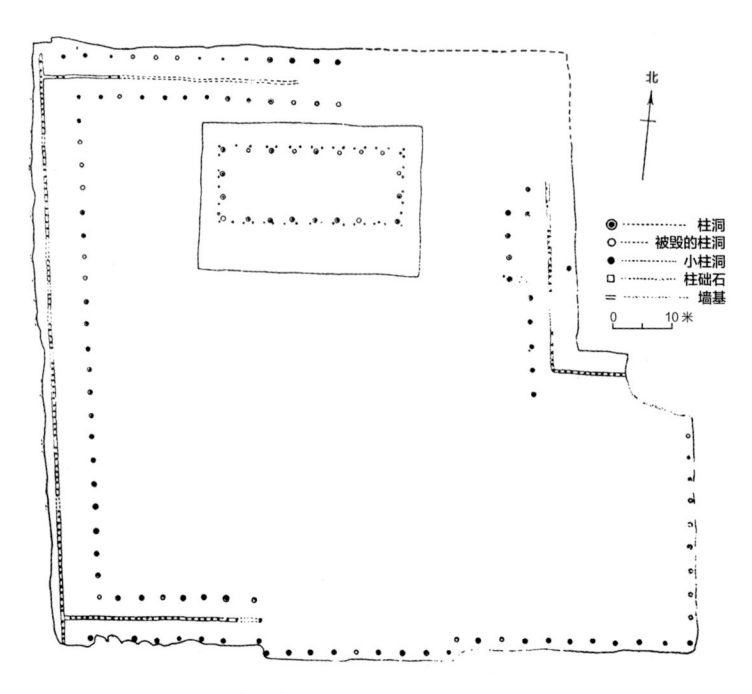

图 1-24 偃师二里头宫殿遗址平面图

学方面还没有确切的证据可以把它与传说中的夏朝或夏民族连接起来。这是有待解决的问题[19]。

殷商文化的遗存的地理分布,经过这三十来年的调查和发掘,现已知道北面抵达北京附近(如平谷刘家河)和辽宁西部(喀左北

---

(19) 邹衡:《夏商周考古学论文集》,文物出版社,1980 年。
 〔编者注〕如今一般认为,二里头遗址属夏代纪年范围,是夏朝都城遗址。关于夏文化问题仍存在不同意见。

图1-25　河南偃师二里头宫殿遗址

洞村），南面远及湖北（黄陂盘龙城，沙市）、湖南（宁乡）和江西（清江吴城）。便是在安阳小屯，近几年也有重要的发现。1976年发掘的妇好墓[20]（图1-26），是五十多年来第一次发掘出的保存完整的商朝王室成员的墓。墓中出土青铜礼器二百余件和玉石器五百余件，制作都十分精美。报告已于1980年出版。继妇好墓被发掘

（20）　中国社会科学院考古研究所编：《殷墟妇好墓》，文物出版社，1980年。

图 1-26　殷墟妇好墓的墓上享堂复原设想图

图 1-27　小屯南地卜骨（拓本）　　　图 1-28　小屯南地卜骨（拓本）

后，我们又发掘了两座未被盗掘的中型墓，除铜器玉器之外，这两墓有较多的随葬陶器，可以为断定妇好墓的年代提供旁证，进一步确定了妇好墓时代问题。商文化另一突出成就是甲骨文字，这是现今留存下来的中国最早的文字。1973年在小屯所发现的四千多片有字的卜骨和卜甲（图1-27、1-28、1-29），已编成《小屯南地甲骨》。上册图录部分（拓片）已于1980年出版，下册也已付印。多卷本的《甲骨文合集》共十三册，也于1982年出齐[21]。这对甲骨学的进一步展开研究提供了莫大的方便。

图1-29　小屯南地卜骨

---

(21) 中国社会科学院考古研究所：《小屯南地甲骨》上册（拓本），中华书局，1980年。
中国社会科学院考古研究所：《小屯南地甲骨》下册（释文和部分摹本），中华书局，1983年版。
中国社会科学院历史研究所：《甲骨文合集》，全13册，中华书局，1978—1982年。

两周时代的考古学

西周考古学是解放以后才发展起来的。20世纪50年代对西安附近的**丰镐遗址**的发掘[22],建立了西周考古学的标尺,尤其是陶器部分更是如此(图1-30)。就考古学的研究而言,这种陶器分期断代的成果,要比长篇铭文的青铜器的发现还重要。后者的重要性表现在提供古文字学、铭刻学和历史文献的新资料。最近几年,在陕西岐山、扶风地区的**周原遗址**中发掘出西周早期的宫殿和宗庙的遗存[23](图1-31),以及大批的卜甲碎片(图1-32),其中有字的已发现二百来片。此外,在周原和其他一些地方,还发现了很多的铜器窖藏,还有随葬铜器的贵族墓葬。这些铜器常有

---

(22) 参阅中国科学院考古研究所编著《沣西发掘报告》,(1955～1957年陕西长安县沣西乡考古发掘资料),文物出版社,1963年。
 [作者补注] 沣东镐京遗址工作,见《1961—62年陕西长安沣东试掘简报》,《考古》1963年8期。
 [本书增注]《1979～1981年长安沣西、沣东发掘简报》,《考古》1986年3期。 中国社会科学院考古研究所:《张家坡西周墓地》,中国大百科全书出版社,1999年。

(23) [作者补注] 周原建筑基址,岐山凤雏的,见《文物》1979年10期及1981年1期;扶风召陈的,见《文物》1981年3期。 扶风刘家村的先周时代墓葬发掘,见《文物》1984年7期。

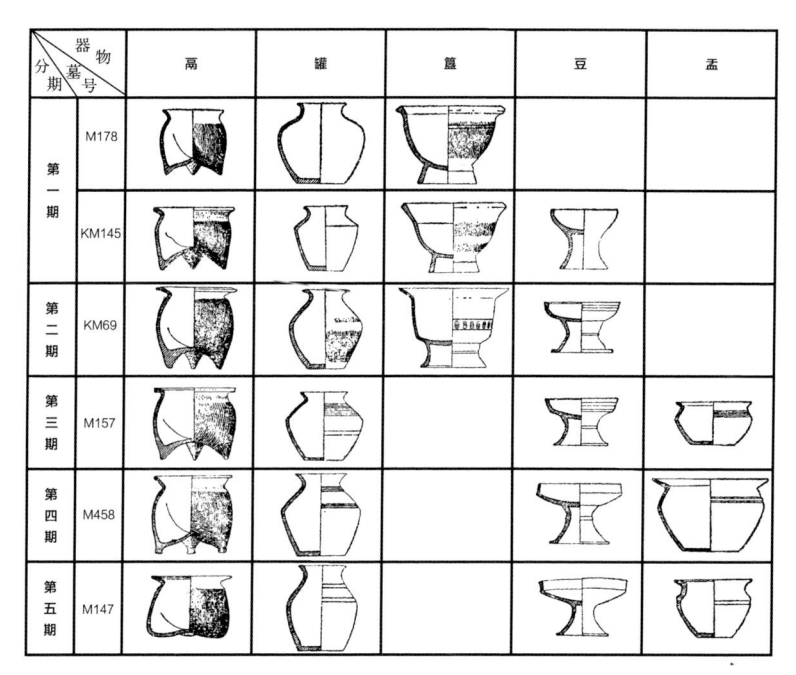

分期\器物墓号	鬲	罐	簋	豆	盂
第一期 M178					
第一期 KM145					
第二期 KM69					
第三期 M157					
第四期 M458					
第五期 M147					

图1-30　西周墓葬随葬陶器比较图

重要的铭文（图1-33、1-34、1-35、1-36），是研究当时社会历史的可靠材料[24]

（24）吴镇烽、雒忠如：《陕西省扶风县强家村出土的西周铜器》，《文物》1975年8期。

陕西周原考古队：《陕西扶风齐家十九号西周墓》，《文物》1979年11期。

陕西周原考古队：《陕西岐山凤雏村西周青铜器窖藏简报》，《文物》1979年11期。

［作者补注］其他重要铜器，有岐山董家村窖藏坑出土的裘卫四器，《文物》1976年5期；扶风庄白村窖藏坑出土的微史家族铜器103件，有铭文的74件，包括墙盘（《文物》1978年3期）；临潼零口镇墓中出土的利簋（《文物》1977年8期）；宝鸡贾村农民取土发现的何尊（《文物》1976年1期）。

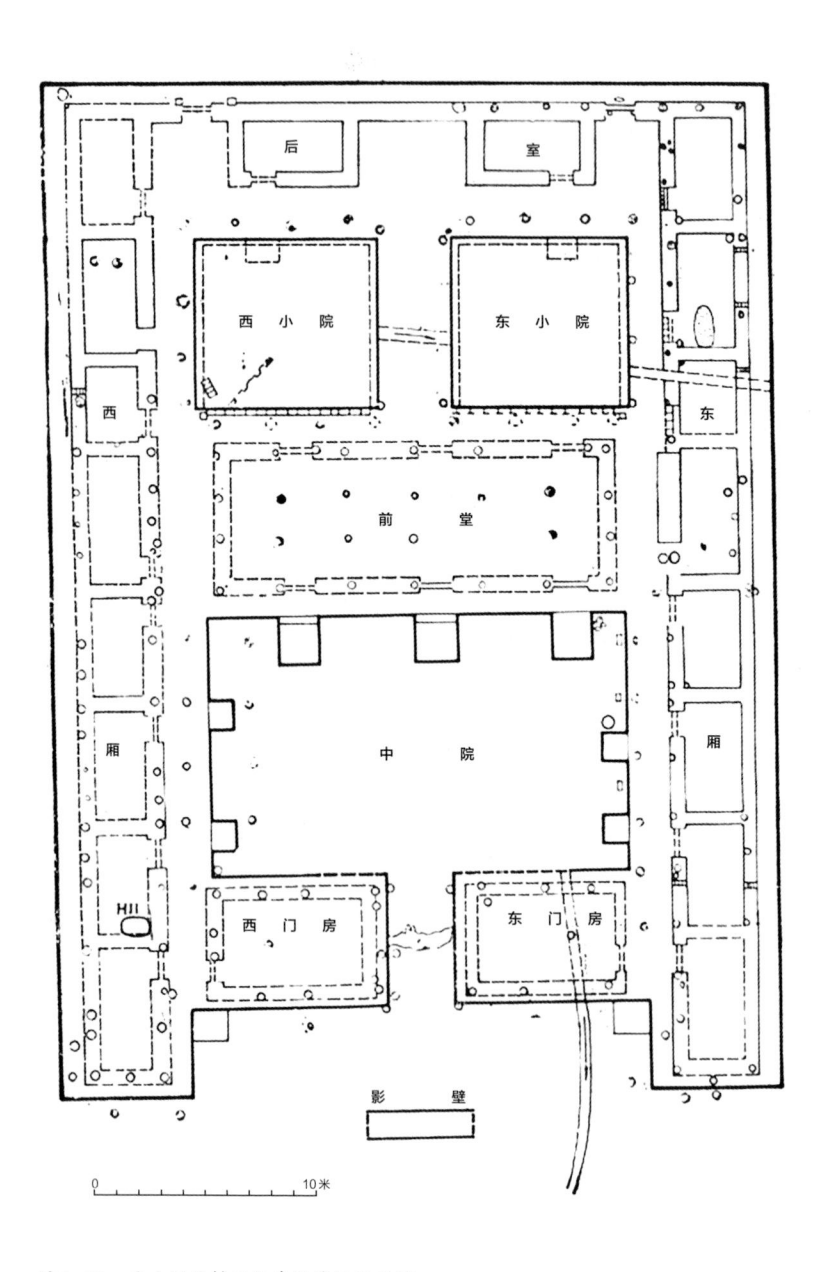

图 1-31　岐山凤雏村西周建筑遗址平面图

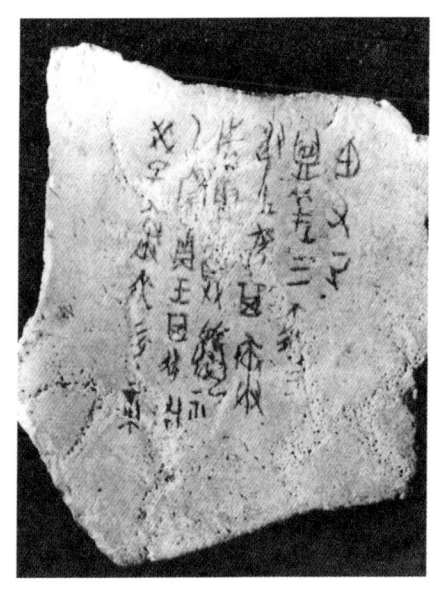

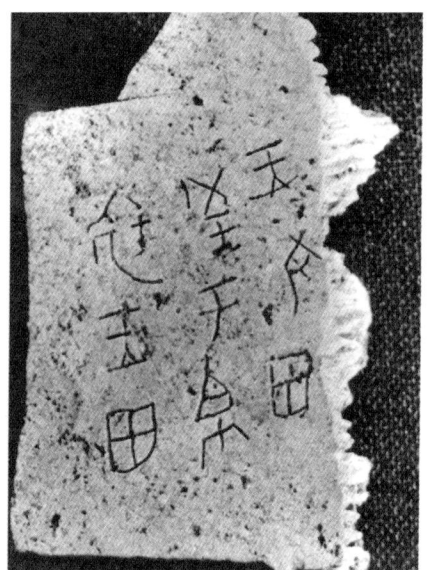

图 1-32 周原卜甲（岐山凤雏，放大）

图 1-33 利簋

图 1-34 利簋铭文拓片

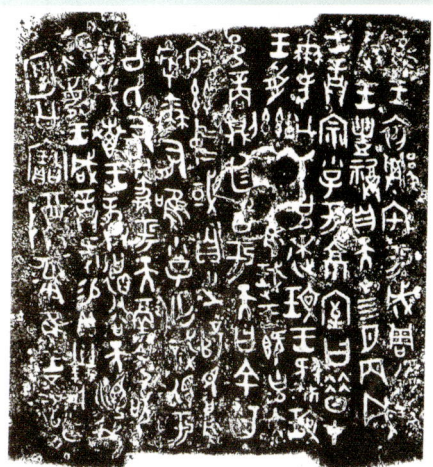

图 1-35 何尊

图 1-36 何尊铭文拓片

东周时期铁器开始出现，城市也发展了。对于东周列国的都城，如齐临淄[25]、鲁曲阜[26]、燕下都[27]、楚纪南[28]、晋侯马等[29]，考古人员都不同程度地做了勘查和部分的发掘，并且将所得的结果陆续发表。曲阜鲁城的报告，最近（1982年底）已加发表。至于东周时期重要的贵族墓葬，已经发掘的有上村岭的虢国墓地[30]，寿县蔡侯墓[31]，辉县固围村的魏墓[32]，江陵[33][33A]、长沙[34]、

---

(25) 群力：《临淄齐国故城勘探纪要》，《文物》1972年5期。
(26) 中国科学院考古研究所山东工作队、曲阜县文物管理委员会：《山东曲阜考古调查试掘简报》，《考古》1965年12期。
山东省文物考古研究所、山东省博物馆、济宁地区文物组、曲阜县文管会：《曲阜鲁国故城》，齐鲁书社，1982年。
(27) 杨宗荣：《燕下都半瓦当》，《考古通讯》1957年6期。
中国历史博物馆考古组：《燕下都城址调查报告》，《考古》1962年1期。
［作者补记］又参阅《河北易县燕下都故城勘察和试掘》，《考古学报》1965年1期。
［本书增注］河北省文物研究所：《燕下都》，文物出版社，1996年。
(28) 湖北省博物馆：《楚都纪南城的勘查与发掘》（上）（下），《考古学报》1982年3期、4期。
(29) 陶正刚、王克林：《侯马东周盟誓遗址》，《文物》1972年4期。
［作者补记］侯马古城遗址发掘简报，见《文物参考资料》，1957年10期；1958年12期；《考古》1959年4期；1963年5期。
［本书增注］山西省考古研究所侯马工作站：《晋都新田》，山西人民出版社，1996年。山西省文物工作委员会：《侯马盟书》，文物出版社，1976年。
(30) 中国科学院考古研究所编著：《上村岭虢国墓地》（黄河水库考古报告之三），科学出版社，1959年。

信阳的楚墓[34A]（图1-37、1-38），以及近年发掘的平山中山国王墓[35]（图1-39）和随县曾侯墓[36]（图1-40、1-41、1-42）。这些墓都出土了许多精美的随葬品，其中尤为重要的是蔡侯墓的大批青铜器，中山国王墓的金银镶嵌铜器和有长篇铭文的铜礼器，曾侯墓的整架编钟，信阳楚墓的漆器，以及江陵马山一号楚墓的丝织物

（31）安徽省文物管理委员会、安徽省博物馆：《寿县蔡侯墓出土遗物》，科学出版社，1956年。

（32）中国科学院考古研究所：《辉县发掘报告》，科学出版社，1956年。

（33）郭德维：《江陵楚墓论述》，《考古学报》1982年2期。
湖北省博物馆、华中师范学院历史系：《湖北江陵太晖观50号楚墓》，《考古》1977年1期。
〔作者补注〕荆州地区博物馆：《湖北江陵马山砖厂一号墓出土大批战国时期丝织品》，《文物》1982年10期。
湖北省荆州地区博物馆：《江陵天星观1号楚墓》，《考古学报》1982年1期。

（33A）〔本书增注〕湖北省荆州地区博物馆：《江陵马山一号楚墓》，文物出版社，1985年。

（34）〔作者补记〕长沙中、小型楚墓，可参阅中国科学院考古研究所：《长沙发掘报告》，科学出版社，1957年。
〔本书增注〕湖南省博物馆等：《长沙楚墓》，文物出版社，2000年。

（34A）〔作者补记〕信阳长台关楚墓，可参阅《文物参考资料》1957年9期；《考古通讯》1958年11期。
〔本书增注〕河南省文物研究所：《信阳楚墓》，文物出版社，1986年。

（35）河省文物管理处：《河北省平山县战国时期中山国墓葬发掘简报》，《文物》1979年1期。
〔本书增注〕河北省文物研究所：《𰻞墓——战国中山国国王之墓》，文物出版社，1996年。

（36）湖北省博物馆：《曾侯乙墓》，文物出版社，1989年。

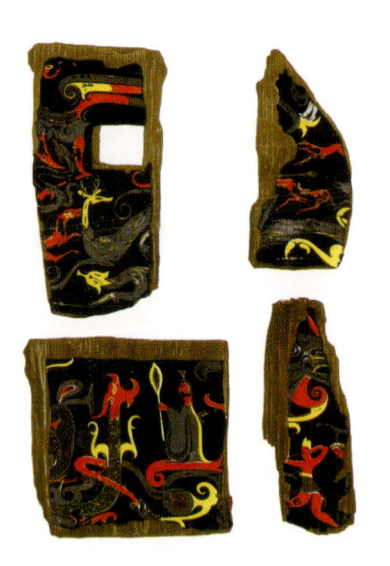

图 1-37 信阳楚墓锦瑟残片

图 1-38 信阳楚墓大鼓鼓环

图 1-39 平山中山王墓错金银四龙四凤铜方案座

图 1-40　曾侯乙温酒器

图 1-41　曾侯乙尊盘

图 1-42 曾侯乙编钟

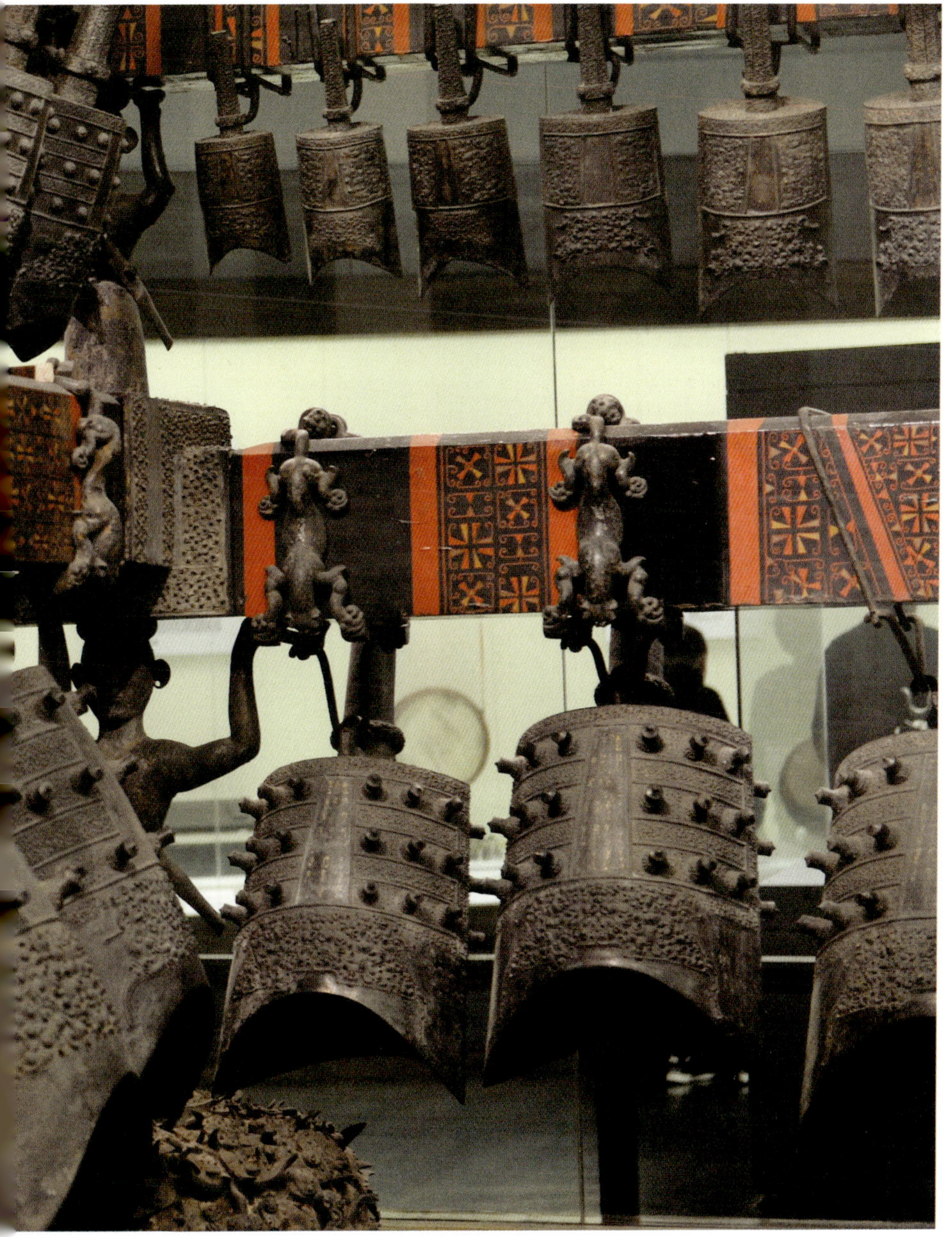

图 1-43 素纱绵袍（江陵马山楚墓，下同）

图 1-44 一龙一凤相蟠纹绣紫红绢单衣

图 1-45 小菱形纹锦面绵袍

图 1-46 凤鸟纹绣

（图 1-43、1-44、1-45、1-46、1-47、1-48）。马山一号楚墓是1982年初发掘的，出土有花纹精美的织锦和刺绣，保存完整，色泽鲜艳，不下于中国各处发现的汉唐丝织物，但是年代比它们中最早的丝织物还要早一二百年。

图 1-47 大菱形纹锦

图 1-48 田猎纹绦

丰镐遗址

遗址位于西安市西郊，在渭河支流的沣河两岸上。据史书记载，文王都丰（沣河西岸），武王都镐（沣河东岸）。此遗址当是西周初年的丰镐所在。

1951 年以后，中国考古研究所一直进行调查发掘。在西岸曾发现数座版筑基址，瓦、陶制水管道，铜器、陶器、骨角器的作坊遗址；在东岸曾发现大量的瓦、版筑基址、柱础石、井、白灰墙皮残片等，皆系西周时代的遗迹、遗物。在西岸的遗址中心地带，曾发掘墓葬四百余座，车马坑十数座，西周晚期窖藏铜器，西周时代卜骨，等等。春秋时代以后，其地因远离政治中心，遂行衰废。汉武帝掘昆明池，东岸遗址多遭掘毁。

周原遗址

遗址位于陕西省西部。地处岐山南麓，是一处地跨扶风、岐山两县相当广阔的周代遗址。据史书记载，周族祖先古公亶父为避犬戎之患，来往于岐山南麓，筑为岐邑。直到文王移丰京，此地一直是西周早年的根据地，也可以说是周王朝的发祥地。

岐山县的凤雏和扶风县的召陈，都发现了被认为是西周时代的宫室宗庙遗址的大型建筑基址。特别是在凤雏还出土了大量西周时代的刻辞卜甲。除了瓦和白灰墙皮的残片以外，还发现了一般的居址、西周时代的墓葬，以及铜器、骨器、制陶作坊，等等。据推定，这里曾经是一处规模相当大的都邑。

此外，在这里还发现了西周晚期的窖藏铜器（从汉代以来，此地即不断掘出铜器）。推测当是厉王奔彘，或是犬戎入侵、平王东迁之际，贵族们仓皇出走，将不能带走的传家重器，暂时掩藏地下的。从铜器的铭文上看，不论姬姓或是异族，都是居住在这块土地上的贵族。

最近，这里还发现了比西周时代更早的遗址、墓葬；从遗物的年代上推断，很有可能包含相当于文王以前的时代。

秦汉时代

秦始皇于公元前 221 年统一了中国。他的陵墓在西安附近的临潼[37]。陵东于 1974 年、1976 年发现了几座兵马俑坑[38]，坑中埋有多达六千件的陶武士俑和一些马俑，还有木制的战车等（图 1-49、1-50）。一车四马，排列整齐。人马的大小和真的相近，造型生动。1980 年又在陵墓西侧发现一座埋藏二辆铜制车马的坑，铜车上还有铜制的御者俑。其中一辆已经修复完毕，秦俑坑博物馆另建一室于 1983 年 10 月起加以展出[38A]（图 1-51、1-52、1-53）。1962—1982 年间，在秦的都城咸阳曾多次调查和发

---

(37) 陕西省文物管理委员会：《秦始皇陵调查简报》，《考古》1962 年 8 期。

(38) 皇陵秦俑坑考古发掘队：《秦始皇陵东侧第二号兵马俑坑钻探试掘简报》，《文物》1978 年 5 期。

陕西始皇陵秦俑坑考古发掘队、秦始皇兵马俑博物馆编，田边昭三监修：《秦始皇陵兵马俑》，平凡社，1983 年。

〔作者补记〕第一号兵马俑坑试掘简报，见《文物》1975 年 11 期。

(38A)〔作者补记〕秦始皇铜车马坑的清理和二号车马的修复，见《文物》1983 年 7 期。

〔本书增注〕秦始皇兵马俑博物馆、陕西省考古研究所：《秦始皇陵铜车马发掘报告》，文物出版社，1998 年。

图 1-49 秦始皇陵披甲跪俑

图 1-50　秦始皇陵兵马俑二号坑出土情况

第一章 中国考古学的回顾和展望 061

图 1-51 秦始皇陵二号铜车马全景

图 1-52 修复后的车舆

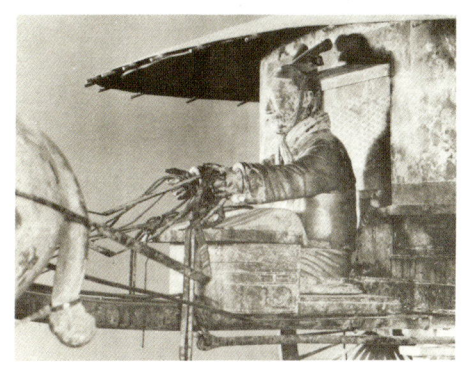

图 1-53 御官执辔情况

掘[39][40]，发现有宫殿的遗迹，残留的墙壁下还保存着小部分的彩色壁画。

汉代的都城长安和洛阳是解放以来长期调查和发掘的重点古城遗址[41]。在汉长安城，除了勘察城墙、城门、宫殿和主要街道，还发掘了四座城门（图1-54），城内的未央宫北的椒房殿和宫东的武库（图1-55、1-56），南郊的礼制性建筑。在汉魏洛阳城，发掘了城南的明堂、辟雍和灵台（图1-57、1-58），还有南

（39）陕西省社会科学院考古研究所渭水队：《秦都咸阳故城遗址的调查和试掘》，《考古》1962年6期。
　　　陕西省博物馆、文管会勘察小组：《秦都咸阳故城遗址发现的窑址和铜器》，《考古》1974年1期。
　　　[作者补记]咸阳宫殿遗址发掘简报，见《文物》1976年11期和《考古与文物》1980年2期。
　　　[本书增注]陕西省考古研究所：《秦都咸阳考古报告》，科学出版社，2004年。
（40）王世民：《秦始皇统一的历史作用——从考古学上看文字、度量衡和货币的统一》，《考古》1973年6期。
（41）冈崎敬：《漢代における長安と洛陽：新中國の考古學的調査を中心として》，《东洋史研究》16（3），1957年。
　　　中国社会科学院考古研究所汉城工作队：《汉长安城武库遗址发掘的初步收获》，《考古》1978年4期。
　　　[作者补记]汉长安城的发掘，可参考《考古通讯》1957年5期和1958年4期；汉长安城南郊礼制建筑遗址发掘，见《考古》1960年7期。
　　　[本书增注]中国社会科学院考古研究所：《汉长安城未央宫——1980～1989年考古发掘报告》，中国大百科全书出版社，1996年；《汉长安城武库》，文物出版社，2005年；《西汉礼制建筑遗址》，文物出版社，2003年。

图 1-54 汉长安城—宣平门遗址

图 1-55 汉长安城—西汉武库七号遗址

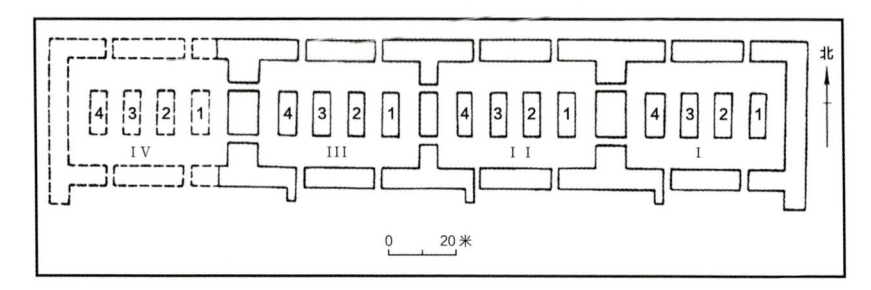

图 1-56　汉长安城武库七号遗址平面图

图 1-57　汉魏洛阳城—东汉灵台遗址

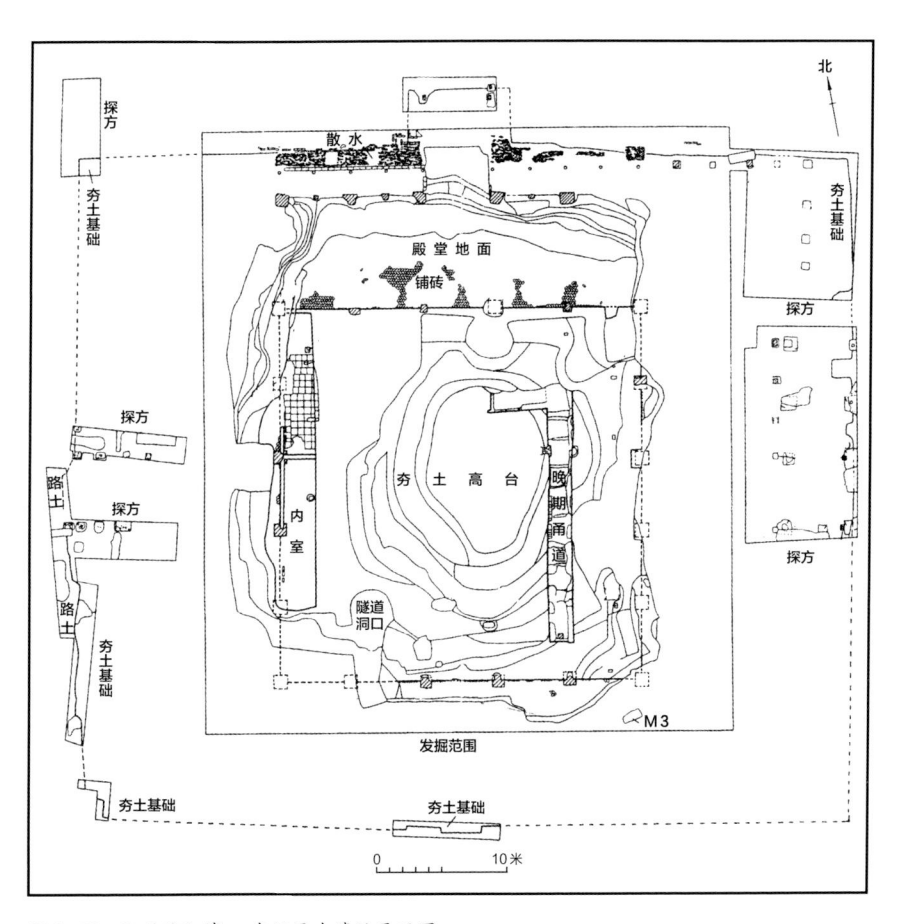

图 1-58　汉魏洛阳城—东汉灵台遗址平面图

郊的刑徒墓[42]。解放以来发掘的汉墓总数逾万座，其中以**长沙马王堆轪侯家族墓**[43]、满城中山靖王刘胜夫妇墓[44]和广州象岗南越文王墓最为重要。马王堆汉墓共有三座，出土大量精美的织锦和刺绣等丝织物、漆木器、帛画（图1-59）、帛书、简书，还有一具保存完好的女尸（图1-60）；满城汉墓（图1-61）出土了两套完整的金缕玉衣和许多错镶金银或鎏金的精美铜器（图1-62、1-63、1-64）。南越文王墓，是1983年八九月间发掘的。墓由石板砌筑，共有七室。出土有丝缕编缀的玉衣，"文帝行玺"金

---

[42] 中国科学院考古研究所洛阳工作队：《东汉洛阳城南郊的刑徒墓地》，《考古》1972年4期。
中国科学院考古研究所洛阳工作队：《汉魏洛阳城初步勘查》，《考古》1973年4期。
中国科学院考古研究所洛阳工作队：《汉魏洛阳城南郊的灵台遗迹》，《考古》1978年1期。
［本书增注］中国社会科学院考古研究所：《汉魏洛阳故城南郊礼制建筑遗址——1962～1992年考古发掘报告》，文物出版社，2010年；《汉魏洛阳故城南郊东汉刑徒墓地》，文物出版社，2007年。

[43] 上海市纺织科学研究院、上海市丝绸工业公司文物研究组：《长沙马王堆一号汉墓出土纺织品的研究》，文物出版社，1980年。
［本书增注］湖南省博物馆、中国科学院考古研究所：《长沙马王堆一号汉墓》，文物出版社，1973年。湖南省博物馆、湖南省文物考古研究所：《长沙马王堆二、三号汉墓》第一卷：田野考古发掘报告，文物出版社，2004年。

[44] 中国社会科学院考古研究所、河北省文物管理处：《满城汉墓发掘报告》（上、下二册），文物出版社，1980年。
中国科学院考古研究所技术室：《满城汉墓"金缕玉衣"的清理和复原》，《考古》1972年2期。

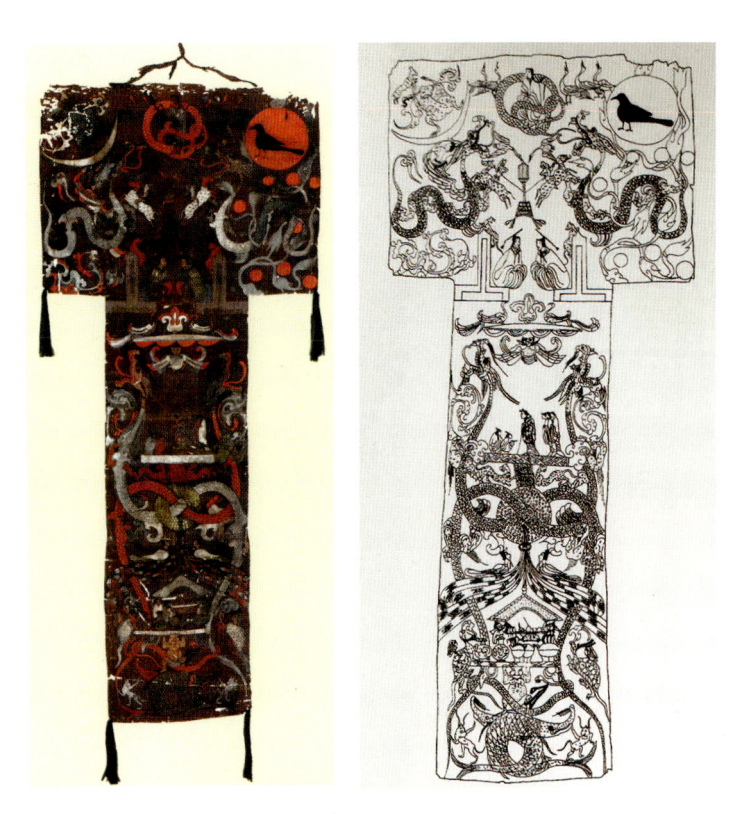

图 1-59　马王堆一号西汉墓出土帛画

图 1-60　马王堆一号西汉墓棺内女尸

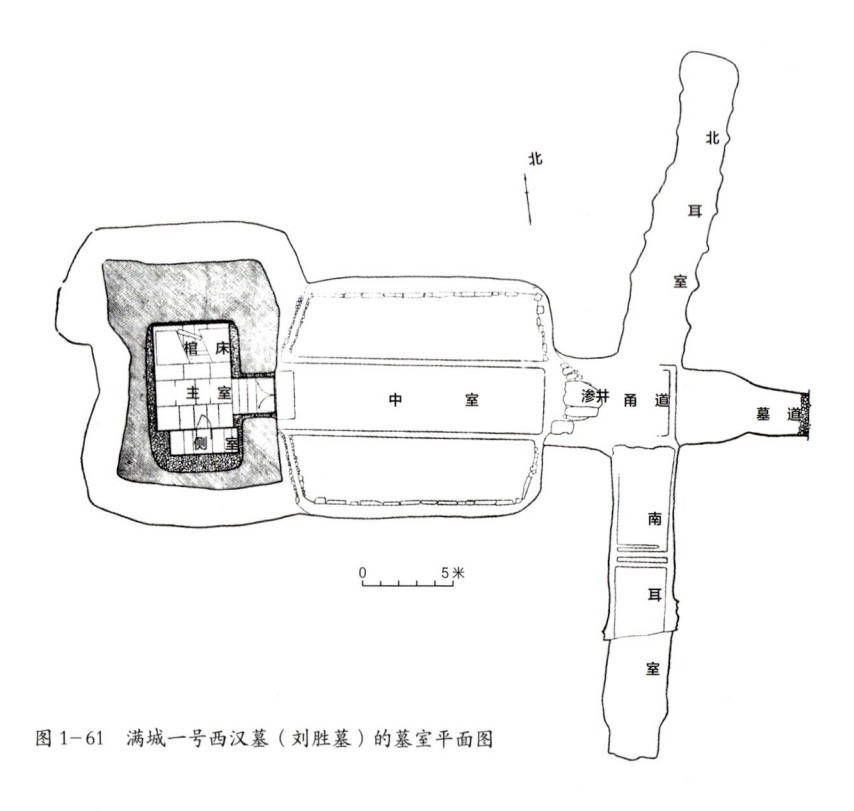

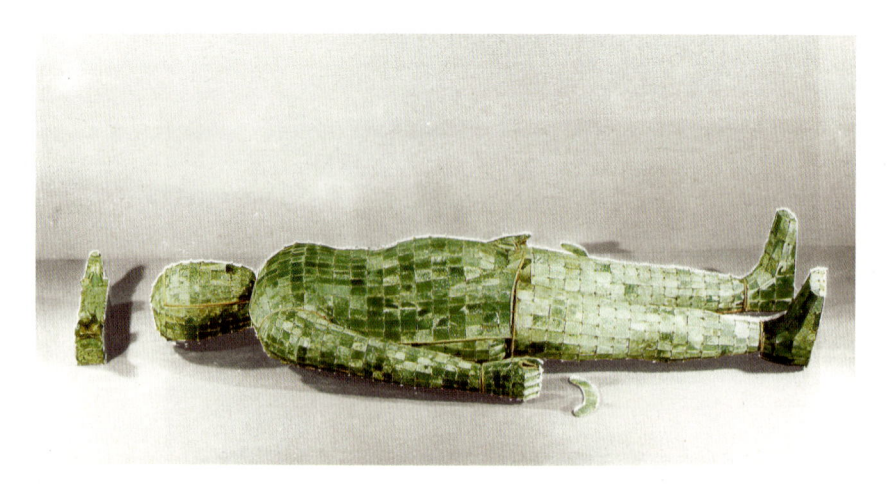

图 1-61　满城一号西汉墓（刘胜墓）的墓室平面图

图 1-62　刘胜墓出土金缕玉衣（复原）

图 1-63 满城二号西汉墓（刘胜妻窦绾墓）出土长信宫灯

印，许多精美的随葬物，如角形玉杯、金钩玉饰、"文帝九年"铜铙八件，铜钟二套十九件，石磬二套十八件，还有各种铜器、玉饰、陶器等[44A]。最近几年，在汉代居延塞一带的烽燧中发现汉简一万九千余枚[45]。这对于研究汉代烽燧和戍役制度以及社会生活，都是很重要的资料。汉简资料仍在整理中。

图1-64 刘胜墓出土错金铜博山炉

(44A) [作者补注] 南越文王墓发掘简报，见《考古》1984年3期。

〔本书增注〕广州市文物管理委员会、中国社会科学院考古研究所、广东省博物馆：《西汉南越王墓》（上、下二册），文物出版社，1991年。

(45) 甘肃居延考古队：《居延汉代遗址的发掘和新出土的简册文物》，《文物》1978年1期。

〔本书增注〕甘肃省文物考古研究所、文化部古文献研究室、中国社会科学院历史研究所、甘肃省博物馆：《居延新简》，文物出版社，1990年。

长沙马王堆轪侯家族墓

位于长沙市东郊，是西汉前期长沙国丞相轪侯及其家族的墓葬。二号墓为公元前168年死去的第一代轪侯利苍的墓。三号为轪侯儿子的墓葬，一号为轪侯利苍夫人的墓葬。

一号墓为有封土的竖穴土坑墓，有木棺木椁。由于未遭盗掘，并且在椁的四周积炭和用白膏泥封闭得极为严密，所以墓中的尸体保存得很好。随葬品放在棺椁的四周，有T字形彩绘帛画、丝织品、乐器、木俑、陶器等，金银器为数不多。写在竹简上的"遣册"，开列了随葬品的清单，可以和墓中随葬品相对照，是非常宝贵的。

三号墓也未遭盗掘。墓中出土了T字形彩绘帛画、车马行列图和导引、气功图帛画，还有《易经》《老子》以及一些先秦佚书等的帛书，都是非常重要的。

二号墓由于遭到很严重的盗掘，随葬品中除了"利苍""轪侯之印""长沙丞相"的鎏金铜印和玉印、铜兵器、容器等，未见其他重要遗物。

图 1-65 孔望山摩崖造像

魏晋南北朝时期

魏晋南北朝时期，中国长期处于分裂的局面，北方游牧民族又大规模侵入中原，一般史书认为是政治混乱和文化衰落的时期。但是中原的汉族大量南迁，开发了南方。对外的文化交流也有所发展。所以，这一时期在文化史上仍是个繁荣时期。佛教自东汉时传入中国，到这时大为盛行。佛教艺术也空前发达。1980 年发现的连云港孔望山摩崖造像[46]（图 1-65），发现者认为其中有些是东汉的佛教造像。但是所

---

[46] 李洪甫：《孔望山造像中部分题材的考订》，《文物》1982 年 9 期。
连云港市博物馆：《连云港市孔望山摩崖造像调查报告》，《文物》1981 年 7 期。
〔作者补注〕阮荣春：《孔望山造像时代考辨》，《考古》1985 年 1 期。
〔本书增注〕中国国家博物馆田野考古研究中心等：《连云港孔望山》，文物出版社，2010 年。

谓"佛教造像"的时代是否早到东汉？题材是否属于佛教？目前仍有不同的看法。几个有名的石窟寺如大同云冈[47]、洛阳龙门[48]、敦煌莫高窟等[49]，都创始于北魏时期。这几年我们对于这些石窟寺，都做了保护和研究的工作。南北朝的墓葬，我们也发掘了一些，有了一定的收获，例如辽宁北票冯氏墓出土的玻璃碗和金饰[49A]。1980年内蒙古呼伦贝尔盟大兴安岭北部的嘎仙洞发现了刻有443年北魏铭文的鲜卑石洞，解决了**鲜卑族**的发源地问题[50]。

中国和日本的正式交往，据记载实始于东汉初年。建武中元二年（57年），光武帝受日本使节的朝贺，赐以印绶。这印也许便是日本志贺岛出土的那件"委奴国王"印[51]。到了这一时期，中日的交通更为发达起来了。日本古坟中所发现的中国铜镜和错

（47）水野清一：《中国の仏教美術》，平凡社，1968年。
　　　长广敏雄：《雲岡石窟——中国文化史跡》，世界文化社，1976年。
　　　〔作者补注〕可参阅：《云冈石窟》，文物出版社，1977年。
（48）水野清一等：《龍門石窟の研究》全三卷，同朋舍，1980年。
　　　〔作者补注〕可参阅：《龙门石窟》，河南人民出版社，1973年；龙门文物保管所：《龙门石窟》，文物出版社，1980年。
（49）敦煌文物研究所编：《敦煌莫高窟》全五卷，文物出版社、平凡社合作出版，1980—1982年。敦煌文物研究所编：《敦煌石窟》，平凡社，1982年。
（49A）〔作者补注〕黎瑶渤：《辽宁北票县西官营子北燕冯素弗墓》，《文物》1973年3期。
　　　〔本书增注〕辽宁省博物馆：《北燕冯素弗墓》，文物出版社，2015年。
（50）米文平：《鲜卑石室的发现与初步研究》，《文物》1981年2期。
（51）冈崎敬：《「漢委奴国王」金印の测定》，文艺春秋，1976年。

金纪年铁剑等，便是明证。至于**三角缘神兽镜**的问题[52]，我的同事王仲殊所长曾根据中国方面新发现的大量铜镜，对这一问题作了探索。他于1981年发表论文，认为三角缘神兽镜应系东渡的吴国工匠在日本制作的。这个研究结果曾引起中日两国考古学界很大的注意。

1974—1977年安徽亳县曹操家族墓群中的一座墓[53]发现有字砖139块，其中9号砖有建宁三年（170年）的年号，74号砖文为"有×人以（？）时（？）盟（？）不"七字。"人"前一字或释为"倭"，或释为"佼"，原字难认，但并不像是"倭"字。有人认为这是中国发现最早的记有"倭人"的实物，未免下结论过早，不仅"倭"字难以确认，并且这些砖文都是制砖匠信手刻画的。它们的内容不外乎发泄牢骚、记载墓主人的官爵、郡望和姓名，以及纪时、题名和计数之类，而非史家记载史事的。所以似乎不会有记载"倭人"与中国订"盟"这类事情的。

（52）王仲殊：《关于日本三角缘神兽镜的问题》，《考古》1981年4期。
　　〔作者补注〕后来发表的还有王仲殊：《关于日本的三角缘佛兽镜》，《考古》1982年6期；《日本三角缘镜综论》，《考古》1984年5期。
（53）田昌五：《读曹操宗族墓砖刻辞》，《文物》1978年8期。
　　殷涤非：《对曹操宗族墓砖铭的一点看法》，《文物》1980年7期。

鲜卑族

古代北方游牧民族之一。其发祥地在黑龙江上游额尔古纳河附近（现内蒙古东部），后迁徙至西拉木伦河流域（现辽宁省西部）。

战国时代以前，与乌丸同属东胡一支；至汉代，处在匈奴统治下。东汉末年，有檀石槐者（137～181年）出，统一诸部族，击破匈奴。统一蒙古，并入侵东汉。

晋代以后，慕容、乞伏、秃发、宇文、段、拓跋诸部世袭首领于北方草原地带纷纷自立，扩充实力。西晋灭亡之后，趁中原混乱，乃入侵华北，先后建立前燕、后燕（慕容氏）、西秦（乞伏氏）、南凉（秃发氏）等国。其后，拓跋氏于386年建国，国号北魏，逐渐南下。太武帝时，终于统一华北，奠定了北朝的基础。

此次发现的嘎仙洞，位于嫩江西岸支流甘河上源〔按：日文原注误作"黑龙江支流的松花江最上游"，今订正〕（鄂伦春自治旗）。其地处于大兴安岭的东侧。

三角缘神兽镜

指中国制的神兽镜之中，其外缘的断面呈三角形而直径超过20厘米的大铜镜。

其内圈花纹，由若干组神仙像和兽形组成。根据其花纹中神兽的数目，大致上可分为四神四兽式、三神三兽式、二神二兽式几种。其他的神兽镜上的神仙象，大部分为东王公、西王母、伯牙弹琴等题材；神仙和兽形之间的位置关系，也作有机的关联。与此相反，三角缘神兽镜上神仙的表现手法已明显趋于类型化；多数铜镜上的神仙和兽形之间已失去有机的联系。这是两者最大的不同之处。

学者们对于带有魏景初三年（239年）、正始元年（240年）年号，内圈花纹特殊的一群铜镜，一向认为是三国时的魏镜。重要的是，同类型式的铜镜，迄今为止在中国各地均未见出土。最近，学者们也有主张此为输出用镜或由渡日本的工人所制造的等说法。

在日本，主要是从前期古坟中出土数百面，也还制作了不少仿制品。

隋唐考古学

隋唐考古的重点之一是对隋唐都城长安的勘察和发掘。经过多年的工作,我们已经搞清楚它的布局[54]。已发掘的重要遗迹包括明德门、西市、青龙寺,以及大明宫内的含元殿、麟德殿(图1-66)和重玄门等。其中青龙寺(图1-67)是唐代长安有名的寺庙[55]。日本平安朝(9世纪前半)入唐求法的有名的僧人所谓"**入唐八家**",其中六位即在青龙寺受法。"东密"(日本密宗)的

---

(54) 中国科学院考古研究所编著:《唐长安大明宫》,科学出版社,1959 年。
中国科学院考古研究所西安唐城发掘队:《唐代长安城考古纪略》,《考古》1963 年 11 期。
中国科学院考古研究所西安工作队:《唐代长安城明德门遗址发掘简报》,《考古》1974 年 1 期。
[作者补注] 参阅宿白:《隋唐长安城和洛阳城》,《考古》1978 年 6 期;马得志:《唐代长安与洛阳》,《考古》1982 年 6 期。

(55) 中国科学院考古研究所西安唐城发掘队:《唐青龙寺遗址踏察记略》,《考古》1964 年 7 期。
中国科学院考古研究所西安工作队:《唐青龙寺遗址发掘简报》,《考古》1974 年 5 期。
[本书增注] 中国社会科学院考古研究所:《青龙寺与西明寺》,文物出版社,2015 年。宿白文收入所著《魏晋南北朝唐宋考古文稿辑丛》时,有勘误和删补。

图 1-66　唐长安城大明宫麟德殿遗址

图 1-67　唐青龙寺遗址

开创大师空海，便是804年在青龙寺师从**惠果**学法的。他们八人回国时带回书籍便多达一千七百余部。1973年曾对青龙寺遗址进行复查和发掘，找出了一座塔基和一座殿堂遗址。隋唐的东都洛阳城也做了一些调查发掘，现已探出城墙四周、几座城门和十几条街道，发掘了宫城的右掖门和东城内的含嘉仓[56]。至于墓葬方面，以长安城郊区的隋唐墓和昭陵、乾陵的陪葬大墓的发掘，最引人注意。这些墓虽都曾被盗，但大都仍保存有精美的壁画和色彩鲜艳的彩绘陶俑。其中章怀太子墓壁的礼宾图[57]（图1-68），三位宾客的中央一位，头戴羽毛帽，有二鸟羽向上直立，帽前着绯红色，穿大袖白袍，大口袴，腰束白带，足穿黄革履。或以为是日本使节，据说他的服装和《旧唐书·日本传》所记日本使者的服饰相近。实则这画像我们一般认为是新罗或高丽使者。《旧唐书·高丽传》说："官之贵者，则青罗为冠，次以绯罗，插二鸟羽及金银为饰，衫筒（箭）袖，袴大口，白韦带，黄韦履。"又说："〔新罗国〕其风俗、刑法、衣服，与高丽、百济略同，而朝服尚白。"适相符合。同书所描写的日本使臣的服装是"冠进德

---

(56) 河南省博物馆、洛阳市博物馆：《洛阳隋唐含嘉仓的发掘》，《文物》1972年3期。
〔作者补注〕参阅《隋唐东都城址的勘查和发掘》，《考古》1961年3期；《"隋唐东都城址的勘查和发掘"续记》，《考古》1978年6期。

(57) 陕西省博物馆、乾县文教局唐墓发掘组：《唐章怀太子墓发掘简报》，《文物》1972年7期。

图 1-68　章怀太子墓壁画

冠，其顶为花，分而四散，身服紫袍，以帛为腰带"，并不相似。到底这画像是不是日本使节呢？有人劝我可以来请教日本的朋友们[58]。不过唐代长安城内兴化坊（现为何家村）一个窖藏中所发现的"和同开珎"银币，确是从日本进来[59]。这种银币铸于和铜元年

---

(58) [作者补注] 日本朋友也认为不是日本使者，参阅穴泽咊光、马目顺一:《アフラシャブ都城址出土の壁画にみられる朝鮮人使節について》一文(《朝鲜学报》第80辑，1976年)。又参阅《考古》1984年12期云翔一文。

(59) 陕西省博物馆、陕西省文管会革委会写作小组:《西安南郊何家村发现唐代窖藏文物》，《文物》1972年1期。
陕西省博物馆、陕西省文管会钻探组:《唐长安城兴化坊遗址钻探简报》，《文物》1972年1期。

（708年），次年便废银钱而行铜钱。**郭沫若**先生认为这可能是灵龟二年（716年）的那次遣唐使携来的[60]。何家村的窖藏一般认为是8世纪中叶安史之乱中长安陷落前逃难的贵族所潜埋的。这窖藏还出土有各种金银器（图1-69），药物，金属货币，包括外国钱币如日本"和同开珎"、波斯萨珊银币和拜占庭金币（图1-70、1-71、1-72、1-73）等贵重物一千多件。此外，高松冢中发现的那件铸于7世纪末的**海兽葡萄镜**可能是8世纪初携入日本的[61]，有人以为应与704年返回日本的以栗田真人为执节使的日本第七次遣唐使团有关[61A]。总之，这些新发现的文物（图1-74、1-75）可以作为中日两国人民当时友好往来的物证。

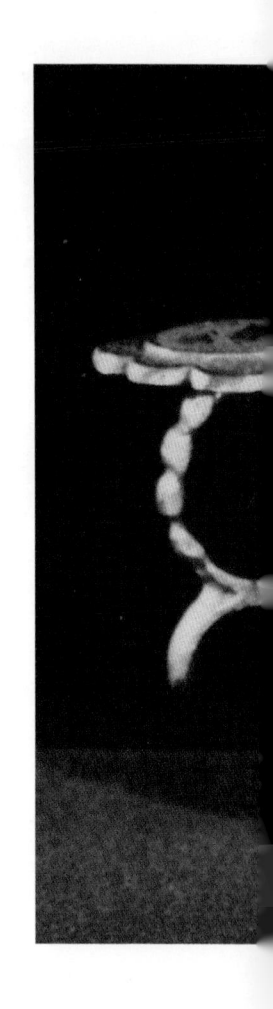

---

(60) [作者补注] 郭沫若关于"和同开珎"年代的推断，见其所著《出土文物二三事》一文，初次发表于《文物》1972年3期，2—4页。

(61) 樋口隆康：《高松塚古墳の副葬品と唐代出土品》，《佛教藝術》1972年87期。

(61A) [作者补注] 见王仲殊：《关于日本高松塚古坟的年代和被葬者》，《考古》1982年4期410页。

图 1-69　银杯（何家村）

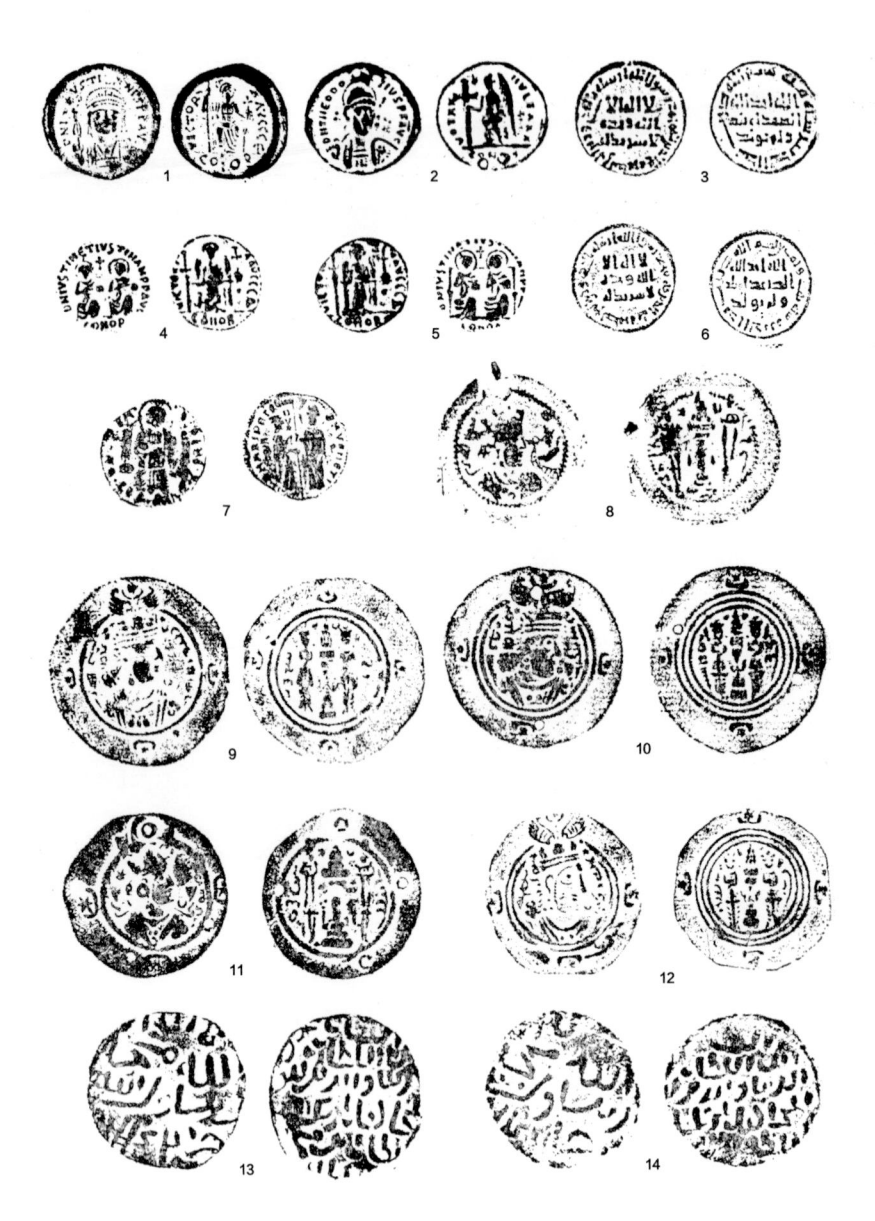

图1-70 20世纪80年代出土的外国金币、银币（1、2、4、5为东罗马金币，3、6为阿拉伯金币，7为威尼斯银币，8-12为波斯萨珊银币，13、14为孟加拉银币）

图 1-71　东罗马金币（何家村）

图 1-72　波斯银币（何家村）

图 1-73　和同开珎银币（何家村）

入唐八家

指在日本平安时代初期（9世纪前中叶），随遣唐使入唐求法，并将密宗传归日本的八位留学僧（请益僧）而言。即最澄（传教大师）、空海（弘法大师）、常晓、圆仁（慈觉大师）、圆行、慧运、圆珍（智证大师）和宗叡等八人。其中，除最澄、常晓外，其余六人皆在青龙寺受过佛法。

八人所传归日本的经卷、法器，曾记载于《八家请来目录》之中；圆仁还著有《入唐求法巡礼行记》。

惠果（746—806年）

唐代高僧。京兆府昭应县人（现陕西省临潼县）。最初师事大昭禅师，后从来唐印度高僧不空三藏受密宗。唐代宗时（762—780年）为内道场护持僧，住长安青龙寺。历经德宗（780—805年）、顺宗（805—806年）计三朝皆为国师。平生传育弟子多人。

空海即从惠果得受不空三藏的密宗真传。

《旧唐书·日本传》《旧唐书·高丽传》

《旧唐书》，五代时后晋刘昫编纂，为有唐一代的断代史。其后为了和北宋欧阳修等所编纂的《唐书》（《新唐书》）相区别，因称之为《旧唐书》。

《旧唐书》卷199上的《东夷传》中，有倭国条和日本国条。该书以为日本国乃倭国之别种。

这里所引用的有关服装的描述，系记载文武天皇大宝三年（703年）时，作为遣唐执节使而来唐朝的粟田朝臣真人所着的衣冠。该使臣曾在长安的大明宫中拜谒则天武后，武后并授以官爵。

同书《东夷传》中高丽条下，曾记述了其贵族一般的服装。这里所引有关服装的记述，系引用了该条中关于服装部分的全文。

郭沫若（1892—1978年）

新中国的文学家、历史学家、政治家中的表率人物。四川省乐山县人。原名开贞，号尚武，沫若是他赴日本留学后用的名字。

最初，入天津陆军军医学校。以后赴日本第一高等学校预科、第六高等学校、九州帝国大学医学部等校留学。和日本人佐藤富子（郭安娜）结婚。归国后，历任广东大学文学院院长、北伐军总政治部宣传科科长等职。1927年因蒋介石叛变革命，逃亡日本。这期间写出了许多文学、历史方面的重要著作。1937年秘密归国，到达重庆。

中华人民共和国成立后，历任政务院副总理、中国科学院院长、全国人民代表大会副委员长、中国文联主席、中国共产党中央委员、中日友好协会名誉会长等职。

作为历史学家，他以古代史的理论方面为重点，发表了许多甲骨文、金文方面的论著。《两周金文辞大系图录考释》（1932年初版），是金文研究方面集大成的著作。

有关历史方面的著作有《中国古代社会研究》（1929）、《卜辞通纂》（1933年）、《奴隶制时代》（1952年）、《殷周青铜器铭文研究》等。

图1-74 西安唐独孤思贞墓出土铜镜

海兽葡萄镜

具有西方花纹特色的一种唐代铜镜。用高浮雕的界圈,将镜背面划分为内外两圈,两圈上的花纹同样是沿着波状的蔓草衍伸出葡萄缠枝纹,再配以龙、狮子等鸟兽昆虫纹饰。这种铜镜一般为圆形,也有方形的。

隋及初唐,多大型铜镜,花纹也极精美。初唐至盛唐此式铜镜

图 1-75　日本高松冢古坟出土铜镜

最为流行，盛唐以后逐渐小型化，花纹也渐趋粗略。宋代以后，则多因袭仿制之品。

有许多铜镜是同型、同范的，当时应是采用了蜡模技法。

在日本，高松冢古坟、天理市杣之内火葬墓、法隆寺五重塔塔心基础等处，都出过这类铜镜；正仓院以下各神社中作为神宝的同类镜子，为数也是很多的。

宋以后的考古学

　　宋及宋以后的考古工作，在瓷窑的调查和发掘方面有不少新发现，重要的工作有浙江龙泉窑址[62]（图1-76、1-77、1-78、1-79）、江西吉州窑址、福建德化窑址、陕西耀州窑址的发掘[62A]。城市方面有1982年宋代开封城的调查和部分发掘，1964—1974年元代大都城的全面勘察和重点发掘。后者查明了它的街坊布局和城内水道系统（图1-80、1-81），发掘了和义门瓮城和若干民居[63]，发现了大量元瓷。对这里出土的元瓷的研究，使我们能利用其成果来分析朝鲜新安海底沉船中捞出来的元瓷（图1-82、1-83、

（62）朱伯谦、王士伦：《浙江省龙泉青磁窑址调查发掘的主要收获》，《文物》1963年1期。
　　　李知宴：《浙江龙泉青磁山头窑发掘的主要收获》，《文物》1981年10期。
（62A）龙泉窑，见《浙江龙泉县安福龙泉窑址发掘简报》，《考古》1981年6期；吉州窑，见《吉州窑遗址概况》，《文物参考资料》1953年9期；《江西吉州窑遗址发掘简报》，见《考古》1982年5期；德化窑，见《福建德化屈斗宫窑地发掘简报》，《文物》1979年5期；耀州窑，见《陕西铜川耀州窑》，科学出版社，1965年。
（63）中国科学院考古研究所、北京市文物管理处元大都考古队：《元大都的勘查和发掘》，《考古》1972年1期。
　　　［本书增注］中国社会科学院考古研究所、北京市文物研究所：《元大都》四册，文物出版社，排印中。

图 1-76 浙江龙泉窑遗址

图 1-77 划花黄釉瓷碗（龙泉窑遗物）

图 1-78 双耳黄釉瓷瓶（龙泉窑遗物）

图 1-79　青釉刻划花瓷盘（龙泉窑遗物）

图 1-80　元大都和义门瓮城

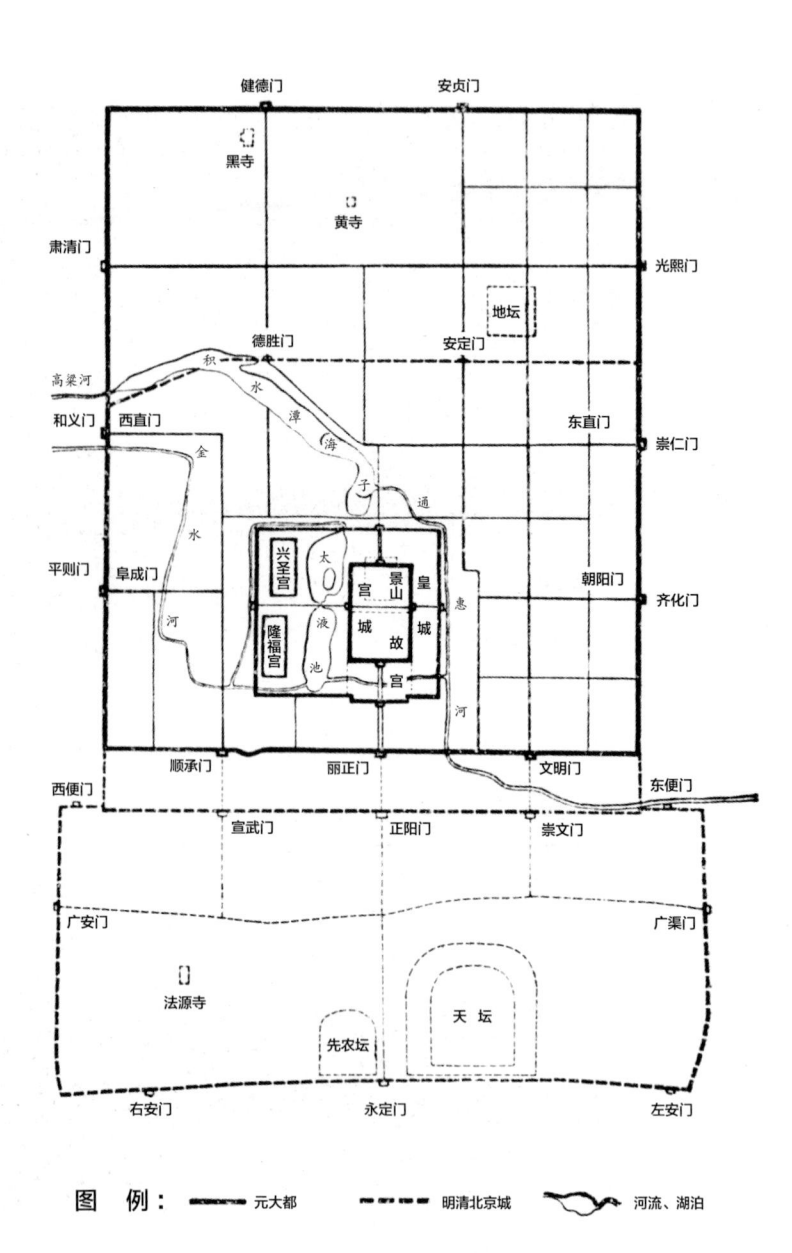

图 1-81　元大都和明清北京城平面图

图 1-82 青釉碗（朝鲜新安海底沉船遗物，下同）

图 1-83 白釉碗

图 1-84 釉盘

图 1-85 青瓷盏托

1-84、1-85）。对于这批朝鲜出土的元瓷制作年代和它们所属的窑口，取得了可喜的研究结果[63A]。墓葬方面，最重要的是明十三陵之一的定陵的发掘[64]，现已修建成现场博物馆（图1-86、1-87、1-88）。发掘报告现正在赶写中，不久可以脱稿。明代亲王的墓有山东邹县鲁荒王墓，成都蜀王子墓和江西新建宁王墓，南城益端王、益庄王等墓[64A]。除蜀王子墓曾被盗仅遗留大批陶俑等之外，其余都出有珍贵金银器、玉器、服装、织绣物和瓷器，其精美不下于定陵的出土物。鲁荒王墓没有金器而有文房四宝和琴棋书画。

图1-86　北京明定陵地宫

（63A）[作者补注] 李德金等：《朝鲜新安海底沉船中的中国瓷器》，《考古学报》1979年2期。

（64）长陵发掘委员会工作队：《定陵试掘简报》，《考古通讯》1958年7期；《考古》1959年7期。

[本书增注] 中国社会科学院考古研究所、定陵博物馆、北京市文物工作队：《定陵》，文物出版社，1990年。

（64A）鲁荒王墓，见山东省博物馆：《发掘明朱檀墓纪实》，《文物》1972年5期；成都蜀王子墓，见《考古》1978年5期；宁王墓，见《考古》1962年4期；益端王墓，见《文物》1973年3期；益庄王墓，见《文物》1959年1期。

[本书增注] 山东博物馆、山东省文物考古研究所：《鲁荒王墓》，文物出版社，2014年。

图1—87 明定陵出土金翼善冠

图 1-88　明定陵出土九龙九凤冠

近代考古学所带来的丰硕成果

"丝绸之路"是汉唐时代中国的西方陆上交通的孔道。解放以来，在中国境内沿途的几个重要中间站曾出土过许多汉唐时代的丝绸，其中以吐鲁番阿斯塔那墓地所出的最为丰富和精美[65]。此外，还发现许多波斯萨珊朝银币和东罗马金币[65A]。这条"丝绸

---

(65) 新疆维吾尔自治区博物馆：《新疆吐鲁番阿斯塔那北区墓葬发掘简报》，《文物》1960年6期。

竺敏：《吐鲁番新发现的古代丝绸》，《考古》1972年2期。

新疆维吾尔自治区博物馆：《吐鲁番县阿斯塔那—哈拉和卓古墓群发掘简报1963—1965》，《文物》1973年10期。

新疆维吾尔自治区博物馆、西北大学历史系考古专业：《1973年吐鲁番阿斯塔那古墓群发掘简报》，《文物》1975年7期。

吐鲁番文书整理小组、新疆维吾尔自治区博物馆：《吐鲁番晋—唐墓葬出土文书概述》，《文物》1977年3期。

新疆维吾尔自治区博物馆出土文物展览工作组：《丝绸之路——汉唐织物》，文物出版社，1972年。

新疆ウイグル〔维吾尔〕自治区博物馆编，冈崎敬译，冈崎敬、西村兵部解说：《漢唐の染織：シルクロードの新出土品》，小学館，1973年。

新疆维吾尔自治区博物馆：《新疆出土文物》，文物出版社，1975年。

(65A)〔作者补注〕夏鼐：《综述中国出土的波斯萨珊朝银币》，《考古学报》1974年1期；《咸阳底张湾隋墓出土的东罗马金币》和《补记》，见夏鼐：《考古学论文集》，科学出版社，1961年，135—142页。

之路"上重要中间站的汉楼兰遗址[66]，曾作了发掘。另一条渠道是海上航路。在宁波[67]和泉州[68]各曾发现五代和南宋时期的海船。前者船中有外销的越窑瓷器，后者船上有从海外运回的大量香料和药料。我们也注意到从朝鲜、日本、南洋等处一直到非洲东岸各地所发现的中国外销瓷和中国铜钱。这些都生动地反映了当时中国和亚洲各国的海上交通和贸易的情况。

考古学也为科技史提供了很多重要的实物。在这方面，对冶金、纺织、陶瓷的研究，收获最大。冶金方面[68A]，探讨中国早期铜器的问题，铜矿开采技术和提炼技术，中国周汉时期炼铁技术的发展，都有一定成果。陶瓷方面[69]，对于瓷胎、瓷釉的成分和烧制技术，尤其是景德镇和龙泉窑的历代瓷器，都做了科学分析和工艺的研究。对于陶窑、窑具和作坊，也通过遗迹的发掘做了研

---

(66) 地点在由楼兰中心区向北70公里处，古墓葬是由新疆考古研究所穆舜英所长等进行发掘的。
井上靖、冈崎敬、NHK〔日本广播协会〕取材班：《幻の楼蘭·黑水城》，日本放送出版协会，1980年。

(67) 林士民：《宁波东门口码头遗址发掘报告》，《浙江省文物考古所学刊》1981年。

(68) 泉州湾宋代海船发掘报告编写组：《泉州湾宋代海船发掘简报》，《文物》1975年10期。

(68A)〔作者补注〕可参阅《中国早期铜器的初步研究》，《考古学报》1981年3期；《湖北铜绿山古铜矿》，《考古学报》1982年1期；《中国封建社会前期钢铁冶炼技术发展的探讨》，《考古学报》1975年2期。

(69) 中国硅酸盐学会：《中国古陶瓷论文集》，文物出版社，1982年。

究。丝织物方面[69A]，对于纺织方法、织机结构等，也都做了分析。此外，对于农业、医药、天文历法、地理舆图等方面，考古新发现也都提供了新资料，取得了一定的研究成果，并促成了科技史研究中这些方面的发展。

这三十年来的考古成就，甚至以重要的成就为限，决不是这短短的一个多小时的讲演所能都加以介绍的。文物出版社出版了一本《文物考古工作三十年》（1979年），字数达61万字（已译成日文）。考古研究所编了一本《新中国的考古发现和研究》，共一百来万字，1984年5月由文物出版社出版。

我们这些考古学成就，曾引起中外人士的赞叹。有人认为20世纪的后半叶将作为中国考古学的黄金时代被写入史册。我想，这是由于过去的落后，所以最近的进展便显得格外迅速。我们在许多问题上取得了进展，并且填补了许多空白。有人以为只有1949年以来史前和早期历史时期的中国才终于在全世界的考古学地图上占有了位置。实际上，我们的工作还是很不够的。不过，我们总算学到了一些经验。根据这些经验，我想，略谈一下我对于中国考古学的展望。我们所研究的是"过去"的遗迹和遗物，但是我们也要展望着"未来"。

（69A）〔作者补注〕，参阅本书第二章和所引有关文献。

中国考古学的将来展望

第一，我们要加强理论水平的提高。我们要有一个指导的思想，并且在这一思想的指导下，制订考古研究的政策和具体的规划。中国是社会主义国家，指导思想是马克思主义。真正的马克思主义尊重客观事实，"实事求是"。我们这种见解在"文化大革命"中曾遭受一些假马克思主义者的猛烈批判，说这是资产阶级的客观主义，应该被打倒。1968年满城汉墓的发掘是由考古研究所主持的。有些外国朋友后来看到展出的这墓中的出土物和金缕玉衣等的时候，便问我这个考古研究所所长当时是不是在场。我只好说，我那时已"靠边站"，还在"牛棚"里呢。现在已经拨乱反正，我们要学习理论，多加思考；并且要加强综合研究，对于大量的新出土的古物，我们要在整理后细心加以研究，加以阐释。我们不能只限于描述，并且最好能于研究后提出综合性的理论性的结论来。我国现在强调社会主义精神文明建设，考古学研究便是这种建设的一个组成部分。

第二，考古学的理论和综合研究，都要立足于大量的可靠资料。可靠的考古资料主要是有赖于科学的考古发掘。今后一段时间内，中国考古学工作，还应继续把很大的力量放在考古调查和发掘上。而且考古发掘应该重视工作方法，包括仔细观察和有系统的正确记录。而不要只想多挖，以为多挖一定可以碰到一些珍贵的或新奇的古物，可以一鸣惊人。我们要反对挖宝思想，要反对重视考古工作的数量而忽视质量的偏差。考古发掘工作对遗迹是有破坏性的，应加以控制。为了挖宝的考古发掘应加以制止，最近（1982年11月19日通过）颁布的国务院《**文物保护法**》中[70]关于考古发掘的规定，便体现了这种要加强控制的思想。发掘工作的水平要不断地改进和提高。发掘报告的编写质量和出版速度也要提高，因为考古发掘这项工作应该包括发掘报告的编写。

第三，要继续引进自然科学方法到考古领域中来，以解决考古学上的问题。关于断定年代问题，我在前面说过，我们采用碳-14测定法，取得了很大的成果。我们还采用古地磁法、**钾－氩法**、

（70）[作者补注]《文物保护法》的全文，《文物》1983年1期曾加以刊登。
　　[本书增注]《文物保护法》的最新修订时间是2017年11月4日，经第十二届全国人民代表大会常务委员会第三十次会议通过，共有8章80条。

热释光法（Thermoluminescence）[71]等以断定古物年代。关于鉴定古物的成分和制造方法，我们除了普通（湿法）的化学分析之外，还采用了**光谱分析**、金属显微观察、**快中子活性化分析**（Neutron activation）、**电子探针测定**、电子显微镜（Electron Microprobe）测定、**X射线荧光光谱分析**等，还做了铸铜和制陶的模拟试验。我们做了兽骨鉴定、古木鉴定及孢子花粉分析等，以便了解各时期人类社会的地理环境（包括生物环境）。还有人骨的研究，可以了解当时居民的族种、营养和疾病，也可由墓中死者的性别和年龄以推测当时氏族、家族等的社会组织。这些不仅是在考古学上利用自然科学的方法，实际上是一种所谓"多学科的研究"。这方面我们不仅要采用国外考古研究中的先进技术，并且也要采用"多学科的研究工作"的组织方法。

第四，历史时期考古学中，要尽量采用考古实物和文献记载相结合的方法。解放以前在中国大学中没有考古专业，所以现下老一辈的中国考古学家大部分都受过（狭义）历史学的训练，然后才搞考古学的。我们认为中国史前考古学和历史考古学只是中国人民发展的历史过程中的两个阶段。整个历史过程应视为一个整体，不能截然分开。欧美考古学由于历史上传统的关系，在大学中把二者分属于两个或更多的学系中去。中国老一辈的考古学家中一

（71）〔作者补注〕在中国用这种方法测定数据，见《考古》1979年1期，85—88页。又《考古》1981年6期、1982年4期、1983年7期。

部分是由学文化人类学转而搞考古学的，因之利用民族志的例子来解释考古资料，也成为中国考古学的传统之一。这些方面，我们要继续加以发展。中国有浩如烟海的文献记载和丰富多彩的民族志资料，中国考古研究如果要利用这些材料，真是取之不尽、用之不竭的。但是，作为一个考古学家，我们应该以主人翁的身份来利用历史文献和民族志等的资料和理论来解决考古学中的问题，而不要使考古学作为狭义的历史学或民族学的附庸。

《文物保护法》

1982年11月全国人民代表大会常委会通过施行的关于文物保护的法律。*

1960年由国务院公布的《文物保护管理暂行条例》由于（形势）发展而撤销。《文物保护法》确定了关于文物保护体制总的规范。《文物保护法》凡8章33条，计对文物保护单位的设置及保护、考古学的发掘、国家机关的藏品、私人收藏的古物、文物的输出和流出、文物保护的奖励及罚则等各个方面，都作了详细的规定。

关于考古发掘的法律规定，载于第3章，共6条条文。主要内容是：发掘报批制度的确立和申请的义务化，发掘前要作好事前调查以及发现遗迹、遗物要及时报告，外国人作考古学上的调查、发掘，原则上是禁止的。主要的着重点，在于强化对各级文物行政管理部门所进行的发掘，要根据《文物保护法》施行一元化的行政管理。

钾－氩（K-Ar法）

一种理化学的年代测定法。自然界存在的钾同位素钾-39、钾-40、钾-41，经常保持一定的比例。其中，钾-40经约13亿年减为一半；钾-40是放射性元素，它通过衰变方式一部分可以成为氩-40和钙-40。

（*）〔编者注〕最新修订时间是2017年11月4日，第十二届全国人民代表大会常务委员会第三十次会议决定，通过对《中华人民共和国文物保护法》作出修改。

由钾-40 衰变而产生的氩-40，随着年代的增长而有所增加，因而可以利用它来测定年代。测定的对象，主要是火山喷出岩之类的岩石。

由于钾-40 的半衰期长达 13 亿年，所以十万年以下的细小数值，就很难求得。对放射性碳素的年代测定法来讲，这种办法，适于测定更古老的年代。其测定范围至少要在十万年以上。这是一种有效的、以一百万年为单位测定值的对远古年代的断代方法。

热释光法

一种理化学的年代测定法。天然的石英和萤石等矿物，在暗处遇热则会发出荧光。这种现象，称为热释光。这是由于矿物自结晶化之后，经过长时间接受自然界的微量放射线而形成的。发光的强度和其所受放射线的量呈正比。

人类所制作的陶器，在焙烧过程时需要加 500℃以上的高温。因而，黏土中所含的石英等矿物，在陶器烧制时，由于受到高温，结晶体中过去所贮存的能量已全部释放出来（释光），仅仅剩下烧成后所受到的放射线量（影响）可以一直累积蓄存到现在。因而，如果将这些陶器重新加以高温，以测定其释光量，则可以知道，其释光量越强，该陶器烧制的年代就越是古老。陶器的年代，可以根据陶器所受的放射线总剂量除以陶器所受的放射线年剂量计算出来。

在日本，在测定绳纹陶器的年代方面，经常利用这种方法。

光谱分析（Spectral analysis）

一种分析化学成分的方法。物质在火花和弧光似的高能之中分解、蒸发，其所含的元素，会分别发出带有特征波长的光来。如果将这种光在分光器中加以分析，测出其波长与强度，则可以知道其所含元素的种类、成分及含量。

适用于无机物诸如金属、合金、矿石的微量分析，主要应用于测量元素种类的定性分析方面。

快中子活性化分析

一种分析化学成分的方法。用荧光X线分析不易测出其含量的少量元素，可用这种方法来分析。将供分析的试料做成粉末，放入原子反应堆中用中子照射，则试料中所含有的各种元素将会分别按照照射条件反应出放射性同位素。各种元素所持有的放射性能不同，因而能测定出其所含元素的种类与数量。

电子探针测定

一种分析化学成分的方法。其分析的原理，基本上和X射线荧光光谱分析是一致的。但它具有可以分析一平方微米以下的极小面积的特点，即〔利用聚集的高能电子束轰击固体表面以〕激发试料上一平方微米大小的区域〔使之发出特征X射线〕。对一立方微米体积内，仅存0.1%程度的某种元素，也可以检查出来。试验时，要借助于光学显微镜,一方面观察试料,一方面进行分析。实际上这是电子显微镜和X射线荧光谱仪组合起来的一种仪器。

X射线荧光光谱分析

一种分析化学成分的方法。当所要分析的试料,受到X射线(原级X射线)的激发,则试料中所含的元素会分别发射出带有特征的X射线(荧光X射线)或次级X射线。测量这种荧光X射线的波长与强度,就可据以测出其所含元素的种类及含量。

需要解决的诸问题

第五,至于中国考古学今后的具体规划,现下我们正在交换意见中,准备在今年(1983年)5月份中国考古学会第四次年会中进行讨论。[72] 我在这里只能谈谈我自己的一点看法。

在时间方面,中国旧石器时代的遗迹和遗物,这三十余年发现不少,但是缺环仍很多。现下似乎还不能系统地描述整个发展过程和各种文化承前启后或互相影响的关系。今后需要探寻和发掘有不同文化重叠堆积的遗址。新石器时代的发现,已可以把黄河流域及长江下游的各种文化的序列排出来,并把年代上溯到早期。但是还未能找到农业和畜牧业的起源。这种驯养动植物作为食物是人类经济生活的一个大突变。制陶术的发明,也是技术上一大贡献。但是它在中国何时何地开始,也同样还不能确定。

至于各地的各种新石器文化的分布范围和它们的文化内涵,也有许多地方仍不清楚,需要继续探索。到了青铜时代,中国进到

---

(72)〔作者补注〕中国考古学会第四次年会于1983年5月9日至17日在河南郑州市召开,曾就第六个五年计划期间(1981—1985年)全国考古研究的重点项目进行了讨论,也研讨了夏文化问题。这次年会的经过,《考古》1983年8期曾有简单的报道。

历史时期。但是夏文化问题,仍在探索中,未能解决。在商文化中,冶铜技术和艺术,甲骨文为代表的文字,用马驾车,夯土建筑等,都出现了,都市也已兴起。但是这些文化元素的渊源问题,仍未完全解决。古代重要都市的发掘和研究需要抓紧进行,因为城市的现代化肯定会破坏现下仍保留的大量遗迹。

关于地区方面,新疆和内蒙古的考古工作中新发现不少,但仍有许多空白点;至于西藏几乎完全空白,亟需加强工作。华南及长江中游以上,史前文化的面貌也不太清楚。有许多古代技术史和中外文化交流史方面的资料,还埋在地下。已经出土的,有许多也亟需进一步深入研究。这些都是较重要的需要解决的具体问题。

与外国的学术交流

最后,我展望考古学方面对外学术交流的前景。近几年来,我国采取了开放的政策。我们在很多国家,尤其是在日本,举办了我国出土文物展览。这些展览向各国的考古专家和广大观众介绍中国的古代文化,受到了热烈的欢迎。我国的考古工作者也曾和许多国家的同行们进行互访,参加学术讨论,进行文化和学术交流。这些方面,今后还会有所发展。今天在座的各位女士们和先生们,我们欢迎您们有机会来中国参观中国新出土的古物。

附：

新中国的考古学 [*]

中华人民共和国成立十几年来，作为历史科学中的一门学科——考古学，有了新的发展。工作的规模扩大了，研究的方法改进了，年轻的考古工作干部也大量地培养出来了。在国家大规模的经济建设工作中，许多地方发现了古代居住遗址和古墓，出土了许多重要的古物，为考古学的研究提供了丰富的资料。全国科学研究机构、文物机构和高等学校里有大批的考古研究工作者，进行野外和室内工作，从实物史料来探究我国古代的历史，取得了不少成绩。这样，就进一步地推动了考古学的发展。

新中国的考古收获是十分丰富的[**]。这里就几个重要方面的问题作些论述。

（[*]） 本文原载《红旗》1962年第17期，《考古》1962年第9期转载。又见《夏鼐文集》第一册，社会科学文献出版社，2017年。

（[**]）详细报道见中国科学院考古研究与所编辑的《新中国的考古收获》，文物出版社，1961年版。

我们知道，在对没有文字的人类社会历史的研究中，考古资料起着主要作用。**人类的起源问题和人类在我国境内开始居住的时间问题**，是要依靠考古学和古人类学的研究才能得到解决的。三十多年前，发现了北京猿人（即"中国猿人北京种"）及其文化，证明人类很早便居住在我国境内，我国可能是最初人类形成的摇篮之一*。解放以来，发现了更多的人类化石和旧石器。重要的有山西襄汾县丁村遗址。这里于一九五四年发现了丁村人化石及同时出土的二千多件石器，经过研究，知道丁村人比北京猿人为进步。一九六〇年山西芮城县匼河出土的石器，据发现人说，比北京猿人还要早一些。现在我们可以将我国境内人类发展的几个基本环节联系起来了。最近，关于北京猿人是不是最早的、最原始的人这一问题，引起学术界热烈的争鸣。北京猿人已知道用火，可以说已进入恩格斯和摩尔根所说的人类进化史上的"蒙昧期中级阶段"，不会是最古的最原始的人。匼河的旧石器也有比北京猿人为早的可能。这个问题的最后解决，还需要更多的资料和更深入的研究。

生产工具和生产技术的发展以及人类经济生活的问题，受到新中国的考古工作者的特别重视。旧石器时代的人们，依靠

（*）〔编者注〕中国境内的元谋人、蓝田人、北京人、和县人、郧县人等都属于直立人，直立人在后来崛起的智人走出非洲后灭绝或在此之前就灭绝了。智人是生物学分类中人科人属下的唯一现存物种。

狩猎和采集为生，利用粗糙的打制石器。他们的经济生活贫乏，所遗留下来的遗迹和遗物也不多；但是，近年来在山西、内蒙古、陕西、河南等省（区）内，仍发现了旧石器时代的文化地点多处。到了新石器时代，农业的出现引起了经济生活的深刻变化，人们定居下来了，同时也开始驯养家畜和制造陶器。石制和骨制的工具也有所改进。解放后，新中国的考古学者对于这一时期的农业部落，做了比较广泛的调查和一定的研究。十几年来，新发现的新石器时代的遗址在三千处以上，其中经过发掘的有一百多处。例如，西安半坡发掘到一个原始氏族社会的农业村落遗址，保存有许多较好的住屋基址和陶窑，居住地外有一道壕沟，沟外还有当时的氏族公共墓地。考古人员在这里发现了精美的彩绘陶器和石制或骨制的工具，还发现一个小罐盛着粟子。这种文化类型的遗址，在黄河流域很多。在长江流域和东南沿海一带，也发现了经济生活与它相同的农业部落遗址，但是文化类型不同。这里主要粮食是水稻，所使用的陶器和石器类型也不相同。在内蒙古、新疆等草原上又发现了许多不仅文化类型不同，而且经济生活也不同的文化遗址。他们的住址多是仅有石器和陶片，罕见灰烬堆积层，可能是过着游牧生活。石器多是打制的细石器，与农业部落的磨制的大件石器不同。关于这许多不同类型的文化的相互关系和时代先后等问题，我们正在继续探讨中。此外，因为没有找到可以确定为新石器时代初期文化的遗迹，所以，对于我国农业和畜牧业的起源问题，还是不能解决。

冶金技术的出现，促进了生产力的增长。在这个时期，我国境内不同地区的居民的历史发展，出现了显著的差别。在黄河流域，这时期出现了阶级社会、国家和文字。在它的周围地区的许多部落，虽也有采用了冶铜技术，但仍生活在原始社会里。解放后，发现了不少殷商（公元前十六世纪—前十一世纪）和周代（公元前十一世纪—前三世纪）的青铜器。在安阳、洛阳、西安等处，我们都曾发现过整批的青铜器。我们还曾在安阳、郑州、侯马等处，发现冶铜的作坊，有泥范和铜渣等出土，因而对于这些精美的青铜器的制造技术，有了进一步的了解。铜和锡的探采、提炼和冶铸，需要比较复杂的专门知识和技术。青铜制造业和别的手工业跟农业分离了。铜矿和锡矿并不像石器原料的岩石或陶器原料的泥土那样的到处都有；它们的产地只有几个地点。由于工业与农业分工，手工业本身各部门的再行分工，于是以交换为目的的商品生产便发生了。青铜可以制造工具和武器。在中国古代有了青铜器的时候，手工业方面已使用青铜工具。但是，农业工具是否大量使用青铜，这在考古学界仍有争论。

在铁的发现和冶铁业的发展后，在农业和工业的工具方面，铁器逐渐完全代替了石器。我国开始用铁的时代虽然在早已有了文字的时期中，但是仅仅根据文字记载，仍无法确定究竟在什么时候。解放后，我们重视对古代铁制生产工具的研究，并且在这方面有了重要的收获。我们发现了战国至汉代的许多早期铁器，一九五三年还在兴隆古洞沟发现了战国晚期的铸造农具、车具等的铁范。一九五八年以来，我们发现好几个重要的汉代矿坑和炼铁作坊的遗址（巩县铁生沟、南阳古宛城等），知道当时已有各式冶炼炉、熔炉、锻炉等，还有矿石加工场、藏铁坑、配料池、淬火坑等附属设备。这些发现，表明当时我们的祖先已经了解到铁矿的特性，发明了高温的炉子和能产生高温的燃料，并使用适当的熔剂，以便加速把铁提炼出来；同时了解到铁的特性，利用含碳量不同的铁，制造不同用途的器物，并且知道淬火可以提高铁的硬度。

对于中国古代另一种重要的手工业——纺织业，我们也有了不少新的考古发现。我们在新石器时代的遗址中，曾发现过许多陶制或石制的纺轮和印有花纹的陶片。对于青铜时代的殷代，在安阳发现的丝织品，有些还织有斜纹的小纹样，知道当时已有织布机，并且已是一种比较进步的织布机。长沙的战国墓出土的有花纹更为复杂的丝织品。在新疆尼雅和吐鲁番，发现了汉、唐时代的华丽多彩的织锦，说明当时已有了提花机。我国的丝织品从汉代起便已闻名于国外，成为国际贸易中的重要商品。北到西伯利亚，西到叙利亚，都曾发现当时我国输出的丝织品。我国织造技术在当时是世界上最先进的。

上面已说过，在新石器时代开始有了制陶手工业。解放后，我们在好几处都发现了当时的陶窑，研究了它们的结构后，我们对于古代制陶技术有了更多的了解。殷代已有了以高岭土制造的带釉陶器，但烧煅火候不及瓷器高，胎子还没有瓷化。西周时代的带釉陶器已有所改进，近于瓷器。到了三国时，在南方便有青瓷。在江浙一带发现了孙吴时代的青瓷器，还发现了晋代和南北朝时的青瓷窑址。唐宋时代，我国的瓷器更有所改进。我们发现了更多的瓷窑址，还发掘了著名的龙泉窑和耀州窑。在前一处有长龙式的烧窑，在后一处还发现了作坊、晾坯场、堆料场等遗迹。我国重大发明之一的瓷器，从唐宋时代起，也成为国际贸易中的重要商品。在亚洲沿海的许多地方以及非洲的东北部，都曾发现过我国唐宋时代以及以后的瓷器残片。

商品生产增长后，出现了金属铸币和度量衡工具。解放后，我们发现了许多早期铁器时代（战国和汉代）的货币和尺子、量器及天平砝码，还在秦咸阳遗址找到秦始皇统一全国度量衡的诏版。隋唐时代，国际贸易繁盛，我们在西安等处发现了当时东罗马的金币和波斯萨珊朝的银币。同贸易有关系的交通运输工具，我们在河南安阳、辉县、湖南长沙、广东广州等地发现了从殷、周至汉代的车子和汉代的木船与陶船的模型，经过研究，搞清楚了它们的构造。这是解放后的重要收获之一。

关于古代的社会结构和社会关系的问题，由于问题比较复杂，单独根据考古资料来解决是比较困难的。但是，对于没有文字史料的原始社会的历史面貌，我们主要地依靠考古学和民族学的资料来了解它们。解放以来，所发现的旧石器时代文化遗址分布的稀疏和遗址内遗物的贫乏、简陋和零散，表明它们的社会结构最初还是原始人群，后来进入了早期氏族社会的阶段。新石器时代的农业部落住址的布局和公共墓地的情况，表明他们起初是繁荣的母权氏族组织，后来进入父权氏族社会。至于某一种文化类型在某一时期内是属于母权或是父权氏族社会，在学术界还有不同的看法。

在青铜器时代，黄河流域的殷、周王国，已是早期奴隶占有制的对抗性社会形势。这时候已有了文字史料，但是仍需要考古史料来加以印证。一九五〇年在安阳武官村发掘了一座殷代晚期的大墓。在墓中和墓外殉葬坑内，发现有三百多人殉葬，有些只见头颅而没有肢体。一九五八年在安阳后冈的一个殉葬坑中发现埋有五十四个人。在郑州、辉县、安阳等一般中型墓中也有殉葬人的。这些人看来是属于当时社会中被统治的阶级——奴隶。西安张家坡的西周中期的墓中还是有用人殉葬的，后来便罕见这种现象了。这可能是奴隶制发达后，奴隶被视为有用的工具而不轻易杀殉了。西周的社会性质，在史学界是有争论的。解放以后西安沣西地区的考古发掘，证明西周的生产工具状况和手工业技术水平，和殷代大体相同。墓葬情况也证明了这一点。战国时代起，墓中埋藏陶俑和木俑，许多是代表服役于主人的家庭奴隶。汉代墓中的明器（仓、灶、井和生活用具的模型）开始占重要地位，反映等级制度的礼器逐渐减少。这表明当时已由领主封建制转到了地主封建制。南北朝时期的墓中，常有成群的武士俑，可能代表当时有人身依附关系的部曲。

自青铜时代起，我国不同地区的社会发展出现了显著的不平衡。奴隶占有制的殷代和西周时期，黄河流域中游和下游以外，仍是保持着原始氏族社会组织。这可以由解放以来这些地方所发现的文化遗迹看出来。在西汉时期，铁器已代替铜器，汉王朝直接统治下的郡县已产生了封建社会形态。但在解放后从云南晋宁石寨山所发掘出来的文物来看，显示当时该地仍是青铜文化下的奴隶主占有制。这里发现的大量铜器中，有许多是表示奴隶从事生产的铜人像。汉代的边缘地带，如现今的吉林、黑龙江、海南岛等地的属于汉代的文化遗址及出土物，还保持着新石器时代的传统，可见这些地区的居民在那时仍然生活在原始氏族社会。

对抗性的阶级社会产生后，统治阶级为了剥削和奴役与它相对立的阶级，国家便在氏族制度的废墟上产生出来了。根据传说的资料，我国的国家产生的时代似乎是在夏朝初。可以与文字史料相印证的最早的考古资料，在解放以前仅有殷代晚期的安阳殷墟。解放以后，我们有了一系列重要的新发现。一九五二年在郑州二里岗发现了比安阳小屯为早的殷商遗存，后来在郑州洛达庙和偃师二里头等地，又发现了比二里岗为早的文化遗存。这个时期已有了小件的青铜器，陶器中有后来殷代晚期墓葬中所常见的觚、爵的祖型。二里头类型的文化遗存是属于夏文化，还是属于商代先公先王的商文化，目前学术界还没有取得一致的认识。**我国的国家起源和夏代文化问题**，虽已有了一些线索，但还需要进一步地研究，才能得到解决。

在原始氏族社会的晚期，物质财富增加了。为了防御的需要，部落或部落的中心地，常以壕沟或城墙围绕着，或兼而有之。西安半坡的新石器时代遗址，居住区的周围便有深沟。到了对抗性的阶级社会中，防御的需要更为增加，代表统治阶级的政府，更经常筑城和挖沟。城市是当时的政治中心，也常常是经济中心或文化中心。到了春秋战国时期，许多大城市兴起。如齐的临淄、燕的下都、赵的邯郸、郑和韩的新郑、楚的纪南城（鄀都），都围绕有夯土城墙，现今仍有一部分保存着。解放后曾进行调查，并加以保护。在山西侯马发现了东周古城，曾作过几次发掘，有了重要的收获。这可能是晋的新田，它在战国时仍是一个繁盛的都市；遗迹有城墙、壕沟、土台建筑址和许多手工业作坊。秦的咸阳城也开始发掘。至于汉、唐的长安城，更是解放后考古发掘的重点。我们已发掘到古长安的城门、宫殿、街道、市场等遗迹。汉、唐的洛阳城，也已开始钻探。这些工作进行到一定程度后，将使我们不仅知道当时都市的布局和建筑技术，而且对于当时的政治和经济方面的情况，也会有更深的了解。

关于精神文化方面的问题，如艺术、宗教等，考古研究的意义也非常重大。解放以后的考古工作，在这一方面也有不少的收获。上面提到，对于没有文字史料的人类社会的研究和了解，考古资料显然起着主要作用。至于古代造型艺术的研究，即使在有文字史料的时候，也是主要地依靠实物史料。我国新石器时代的彩绘陶器，它的艺术价值是举世公认的。解放以后，累积的材料增多了，经过考古工作者的分析研究，可以看出它的花纹结构的匠心和它演化的过程。安阳、西安等处出土殷周时代的青铜器和玉器，信阳和长沙的战国漆器，望都与辽阳的汉墓壁画，四川的汉画像砖，沂南和安丘的画像石，新疆的汉唐织锦，曲阳和成都的佛教石刻造像，炳灵寺等新发现的石窟寺中的造像和壁画，战国及以后各地的铜镜（尤其是长沙的楚镜和洛阳的唐螺钿镜）和陶俑（尤其是西安的唐三彩俑），六朝的越窑和唐宋的白瓷、青瓷，晋宁石寨山的铜器等，这些在解放后所发现的重要艺术品，是我国艺术史上的珍品，也是世界艺术史上的瑰宝。至于一般的艺术品，更是数以万计。因为它们是考古工作中的发现，不仅不会羼有假古董，而且由于出土物的共存关系，多数是可以精确地断定年代的。有了这一批有确定年代的标本作为准绳，对于我国各时代的艺术风格特点和每一时代如何继承及发展前一时代的艺术传统等问题的研究，都有了可靠的基础。考古工作者与艺术史家协作，共同研究这些材料，对于中国艺术史的研究一定会做出重要的贡献。而画像石、壁画、陶俑、木制或陶制模型等，又为建筑、音乐、戏曲、舞蹈等方面的艺术史的研究，提供了珍贵的资料。

在宗教信仰方面，根据考古资料，在我国至迟在新石器时代人们已有灵魂不死的观念，当时埋葬死者还随葬着生活用具和饮料食物，以便他们死后仍可享受。新石器时代晚期的陶且（祖）的发现，表明当时有生殖器崇拜的习俗。至于彩陶上所绘的各种动物花纹是否代表图腾崇拜或仅是美术装饰，在学术界仍存在着不同的看法。新石器时代晚期已有占卜术,我们在各地发现有卜骨和卜甲。到了殷商时代,占卜术更为盛行,政府中有专职的贞人,卜骨或卜甲上还刻有文字。周代占卜术衰落,但仍有少数占卜的甲骨出土。战国时代楚墓中的"镇墓兽"和漆器花纹上的怪兽,是楚人"信巫鬼"的表现。东汉晚年墓中有的朱书"镇墓罐",南朝墓中的堆塑人兽的"魂魄瓶",南北朝时开始出现的墓中买地券等,都和当时的道教信仰有关。汉代长安城南郊发掘到的礼制建筑遗址十多处,也是和当时的宗教信仰有关。这些都是很重要的发现。佛教传入中国后,佛寺的建筑遗址、造像和壁画等实物史料,都是研究佛教史的重要资料。

文字的发明和使用,是人类由野蛮时期转入文明时期的标志。 解放以后,我们在郑州二里岗发现了比安阳殷墟稍早的卜骨上的文字,但仍属于殷代甲骨文字的系统。殷周有铭文的铜器也发现很多,有些替我们增添了很重要的文字史料。长沙和信阳两处所掘出的四批竹简,是我国现存的最早的简册。同时出土的,还有毛笔和整治竹简的刀削等。一九五九年,武威汉墓中出土了竹木简四百八十根,主要的是七篇"仪礼"。它是第一次发现的西汉成册成部的经书写本,对于汉代书册制度和汉代经学的研究,都提供了最重要的资料。此外,属于少数民族方面的,有四川出土的战国至汉初铜器上现仍未能通读的巴蜀文字,有新疆出土的古代佉卢文的木简和古维吾尔文的木简和写本。

我国是一个多民族*的国家。这**许多民族都有它们的族源问题和它们的发展的历史面貌问题**。考古研究可以在解决这些问题方面起巨大的作用。就**汉族的形成问题**而言，根据考古资料，现今汉族居住的地区，在新石器时代是存在着不同的文化类型。连黄河流域的中游与下游，也有很大的差异。古史传说中也有这种反映。到了有文字记载的时候，中原的华夏族与黄河下游的东夷族相融合，但是和长江流域的巴、蜀、楚、吴、越等族的文化还是不同。这种不同也表现在考古发掘所得的物质文化遗存中。经过了周代的八百余年，这些长江流域汉语系统的诸民族逐渐消失它们的特征，构成汉族的一部分，不复能分辨开来。到了汉代，汉族的形成过程更推进了一步，汉族的构成部分更包括长江以南地区的闽、粤等族人民。就出土的考古材料来看，可以了解汉族是有过这样的一个形成过程的，但具体情况，还需要作进一步的研究。

现今全国的少数民族还很多，他们虽和汉族不同，但各兄弟民族的祖先在悠久的历史过程中，与汉族的祖先建立起日益紧密的联系，今日大家一起**构成了中华民族共同体**。各兄弟民族的形成和发展过程的文字史料，大多数是残缺不全的，这便需要考古资料来补充。据古人类学家的研究，旧石器时代人种尚在

（*）"民族"一词有广狭二义。狭义是指在资本主义发生时才形成的共同体。广义的包括部落、部族和上述狭义的"民族"。本文中的"民族"是采用广义的意义。

分化形成中，还谈不上民族区分。至于新石器时代，我们在兄弟民族地区，解放后曾发现过各种不同类型的文化遗址，为研究他们古代原始社会面貌，提供了宝贵的线索。汉族有了文字记载后，各朝代都有关于兄弟民族的叙述，可以与考古材料互相印证。解放后在吉林、长春地区发现的古青铜器文化，可能是周代肃慎族的遗存。辽宁西丰县西岔沟、内蒙古东北部札赉诺尔和北部集宁市二蓝虎沟等处，解放后都发现了西汉时代墓群，出土的有透雕的野兽花纹铜牌饰等，当为匈奴族的遗物。也有人认为，西岔沟的文物和内蒙古的一般匈奴文物有些不同，地区也偏东，应该属于东胡的乌桓族。内蒙古东部和辽宁西部南部发现一些青铜短剑墓，时代较早，属于东周。对它们的族属，有匈奴和东胡两种不同的看法。吉林辑安、辽宁桓仁等处的高句丽墓，吉林敦化的唐代渤海国贞惠公主墓，和东北及内蒙古的契丹族辽墓，因为有墓志为证，可以确定无疑。内蒙古土默特旗美岱村的两座北魏墓，当属于鲜卑族。元代蒙古族的遗址，有上都遗址，解放后曾加以调查，内蒙古宁城的辽代中京大名城，也曾发现元代文物。对于新疆各处古城、古居住址和寺庙，曾做过几次的调查工作。在和田、库车、焉耆、吐鲁番等处，还做了一些发掘工作，所发掘出来的遗物属于汉、唐时代。在北疆昭苏一带所发掘的土堆墓，可能是属于中世纪的突厥族。对青海的古迹也做了一些调查和发掘，早期的当属周、汉的羌族（羌族似为后来藏族的一部分）。西藏地区于一九五九年也做过文物调查工作。西南地区，晋宁石寨山出土的文物，就服装及发髻的样式看来，除了占统治地位的"滇族"以外，还有他们统属下的好几个不同民族，有的或者便是《史记》中所提到的"僬""昆明""靡莫"等族。在云南还发掘过南诏国的遗址和大理国的古墓。在广西的宁明县花山等处发现的古代崖画，是属于古代僮（壮）族的创作，年代可能早到唐代或宋代。这些发现中最重要的是晋宁石寨山遗址，出土丰富多彩，描绘出从前几乎完全不知道的古代滇族社会的图景。

我们知道，各兄弟民族在祖国的历史上都有他们的贡献。我们应该重视兄弟民族地区的考古工作。对于以上列举的一些实物史料，还需要做进一步的研究。古代有许多住在边远区的少数民族的名称，到后来消失不见了。这些古代的少数民族和现今该地的兄弟民族有什么关系，这个问题的解决，对于了解现在兄弟民族的形成过程，将有很大的帮助。

解放以来，由于考古学研究的发展，一方面使我们有可能利用考古资料来解决从前单凭文字史料所不能解决的问题；另一方面也提出一些过去不可能提出的问题，在"百花齐放、百家争鸣"的政策指导下，有些问题经过讨论得到了解决，有些问题仍在继续争论中。我们要不断地改进考古研究方法，要认真学习马克思列宁主义和毛泽东著作，打好理论基础。除了运用考古学本身的各种研究方法（如地层学方法、类型学方法等）和运用文字资料和民族学资料之外，我们还要运用自然科学的方法以解决考古学上的问题。现在已在中国科学院考古研究所中建立一个实验室，由体质人类学家研究古代人类骨骼，化学家来分析古物的成分和制造过程，原子物理学家来充分运用同位素碳-14去推断古物年代。有些工作已取得一些成果，有些工作正在开始着手。这说明利用最新的考古研究方法，会给考古学研究带来更重要的新成果。

在过去的十几年中，我国的考古工作在党和政府的领导下，进行得非常起劲和顺利，并已有了重大的收获，解决了一些问题。但是，还有许多重要问题尚待解决。今后需要继续努力，累积资料，深入研究，以便在这方面取得更大的成就。

附：

《新中国的考古发现和研究》前言[1]

本书是对于最近三十年来的中国考古学的发现和研究的一个综合性的叙述。我们考古所在建国十周年时，曾编写过一部《新中国的考古收获》(1961年出版)。现在又经过了二十年。其间，新的发现层出不穷。考古资料的数量，犹如滚雪球一样，越来越大。研究工作也取得了不少的新成果，而新的发现也使得许多旧的看法过时了。这就需要改写旧的章节和增添新的章节。所以，我们决定重新编写。这是一本新书，并不是旧书的增订版。编写这书仍是一项集体性质的工作，但是参加编写的诸同志有一个共同的愿望，就是要把这三十年来丰富的成果，比较客观地、有选择地加以概括，写出一本全国性的、综合性的著作。

这三十年来我国考古学的新成就，曾使得国内外许多考古学家认为，二十世纪后半叶将被作为中国考古学的黄金时代而写入

---

[1] 《新中国的考古发现和研究》一书，系夏鼐主编、中国社会科学院考古研究所集体撰写，文物出版社1984年5月出版。又见《夏鼐文集》第一册，社会科学文献出版社，2017年。

史册。在我们有古老文明的祖国大地上，在社会主义经济建设中，古代遗物和遗迹不断地被发现。考古工作者们，除配合建设工程做了大量的抢救工作之外，还主动地为了解决学术问题而从事考古调查和发掘，因之，我们累积了大批的、丰富多彩的考古资料。这些资料给考古学家们提供了前所未有的机会来汇集、整理和研究中国古代文物。我们可以说，1949年以后，中国考古学的发展，已进入了一个新的阶段。

这个新阶段的标志，首先是以马克思列宁主义、毛泽东思想作为指导我们工作的理论基础。 中国既然是一个以马克思主义为指导思想的社会主义国家，作为社会科学的一部分的中国考古学当然要贯穿一条马克思主义的红线。但是，我们信奉马克思主义的理论，并不只是由于这些理论出于马克思，而是由于它符合于客观的真理，符合于考古实践中所证实的客观真理。我们在考古工作中尊重客观事实，决不以所谓"理论"来歪曲解释事实。"古为今用"这一方针的正确涵义，在考古学方面应该是根据以科学方法所取得的结论，来充实历史唯物主义的武库，以宣传马克思主义，同时用以宣传爱国主义，以便增进我们建设社会主义的自信心和民族自尊心。这决不是因当前的政策而歪曲客观事实。同时，我们也相信：这三十年来我们在马克思主义理论的指导下，已取得了许多成果，并且今后将要继续取得新的成就。

新阶段另一个标志是：具体研究方法的改变和进步。 当代世界科学的一个重要发展是一方面**专业化**，而另一方面**整体化**。考古学根据它的特有的研究对象（古代的物质遗存）来发展它特有的理论和具体研究方法。考古学上特有的理论问题包括古代物质文化发展的规律，物质文化和社会经济形态、社会组织、意识形态等的互相关系，物质文化和自然环境的互相作用，等等。这些问题都是从前专门研究古器物或古文字的考古学家所不注意的。至于具体研究方法，在本世纪二十年代后期有少数几位中国考古学家开始从书斋中跑出来，拿起锄头从事田野考古工作。从这时候起，田野考古才成为中国考古学发展的主流。解放以后，我们训练了大批田野考古工作者，采用严密的田野工作方法，尤其是地层学的分析和大面积的揭露，使我们取得重要的收获。1979年成立的考古学会，现有会员七百余人，其中绝大多数都是参加过田野考古工作，有的有很丰富的田野工作经验。只有发展科学的田野工作，这才能使我们的考古学建立在巩固的基础上。

所谓科学的整体化，是指每一学科同别的学科在理论上互相渗透，在方法上也互相渗透。社会科学中有许多学科和考古学有很密切的关系。它们的理论和方法，对于考古学有很大的影响。狭义的历史学（利用文字记载以研究历史）、文化人类学、社会学和民族学等，从各方面来研究人类社会，有的已把研究工作的成果概括成理论。这些理论有的便可以应用到考古学中来。研究方法也是如此。至于自然科学方面，地质学对于考古学的影响最大。例如考古学中地层学原理便是从地质学中移植过来的。其他自然科学的方法，也有许多被考古学所采用。实际上，社会科学的各学科中，考古学是最能利用自然科学方法的。恰巧最近这三十年也是全世界范围内考古学利用自然科学解决考古问题的工作做得最多和收获最大的时期。甚至于有人认为1950年以后的二十多年在考古学史上将会被称为"技术革新"时期。技术革新中，尤以鉴定年代的技术工作，进展最大。碳-14断定年代法的发现和应用被认为是史前考古学的发展史上一场划时代的革命。中国考古学界于五十年代末便引进这项技术。七十年代初开始发表数据，后来陆续建立了好几个实验室。从前我们只能由地层学和类型学的分析得出史前时期各文化的相对年代，现在可以由碳-14测定它们的绝对年代。这使中国的史前考古学的编年获得了一个新的框架。其他的自然科学方法也被广泛地应用来鉴定年代，鉴定古物的质料、产地和制造工艺等。对于人类骨骼和古代自然环境也加以研究。我们还利用卫星和飞机上所拍摄的空中摄影来找寻和记录古代遗迹，又利用"蛙人"到海底去搜索沉船和船中遗物。这真是"上穷碧落下黄泉"。有些成果已收入本书中。

新阶段的又一标志是：考古工作中扩大了所涉及的地域和伸延了研究对象的时间范围。这三十年间，我们的调查和发掘，已遍及全国各省、各直辖市和自治区。解放以前，我们中国考古学家所做的考古发掘工作几乎是限于黄河流域和长江下游。现在是西南到西藏高原，东北到黑龙江沿岸，南到西沙群岛，西北到蒙新的草原和沙漠，到处都有我们考古工作者的足迹，可以说是遍地开花了。对于重要的老遗址，如周口店和殷墟，我们仍继续工作。更重要的是我们在各处新发现了数以千计的古墓和古居住址，其中一部分已加以发掘。并且我们还有意地重视边疆地区的考古工作，重视少数民族的族源和历史，要用考古资料以补充文献的不足。

研究对象的年代范围方面，解放以前，我们只能上溯到北京猿人，现在又有了更早的蓝田猿人和元谋猿人，以及他们使用的石器。新石器时代比仰韶文化为早的早期遗存也已被发现了。这不仅补上了一个空白，并且对于探索中国农业畜牧的起源问题，也提供了宝贵的线索。解放以前，中国考古学主要工作是史前考古学。至于历史时代考古学，除了安阳殷墟以外，发掘工作做得很少，几乎是没有。这三十年间，我们除了继续开展史前时期考古研究以外，还做了大量的历史时期遗存的调查和发掘。殷墟的继续发掘中，发现了几座保存完整的王室墓，包括现已闻名中外的妇好墓。我们在居住遗址中发现了四千余片甲骨和其他许多新资料。在河南以外的毗邻各省也发现了好几处的商代遗址。至于商代以后，从两周到元、明，我们更是投入相当大的力量来发掘了大量的古代城市和墓葬。前者如周原、战国六国都城、秦咸阳、汉唐两京，一直到元大都，后者有现已闻名中外的秦俑坑、马王堆汉墓和满城汉墓、唐代皇族的壁画墓、明定陵等。这种重视历史时代考古学的结果，使我们取得非常可观的成就。现今国内外研究中国古代美术史和科技史的学者们都承认：这些考古新发现使得他们不得不重写他们的专门史。

我们的工作是以考古资料来阐明中国古代文明。**由于古代中国在世界文明史中所占的重要地位，中国考古学的工作是有世**

界性的意义的。这三十年来中国考古学的飞跃的进展，使研究世界古代文明史的学者们对于全球性的理论问题提出新看法或修改旧看法的时候都要把中国考古学的新成果考虑进去。当然我们的工作还做得很不够，跟不上中国考古学发展的形势，许多方面还有待于进一步的研究。不过，我们相信：在中国四个现代化的总形势下，中国考古学的前途将更为光明灿烂，确是"前程如锦"。一位英国的考古学史专家说："在未来的几个十年内，对于中国重要性的新认识将是考古学中一个关键性的发展。"（G. 丹尼尔：《考古学简史》，1981 年英文版，第 211 页）

上面所说的，是这三十年中国考古学的发展中几个重要的方面。我们可以看出它的主要趋势。至于具体的新发现和研究成果，读者可以阅读本书正文，我在这里不再重复了。不过，有一点我要声明一下：本书中有些问题在现阶段还是有争议的，还不能取得定论。本着"百家争鸣"方针的精神，在这些地方，我们常是列举各家的不同看法，有时也提出写作者自己的看法。但那也只是写作者的看法而已，并不表示已是取得一致的结论。此外，我国台湾省的同行们在这三十年来也做了许多考古研究工作，主要是安阳殷墟发掘资料的整理和台湾省史前遗址的考古发掘，取得了一定的成果，但这方面的收获本书暂时不收进去。本书中一定会有些错误或欠妥的地方，恳切希望读者予以批评和指正。

1982 年 2 月 15 日

第二章

汉唐丝绸

和丝绸之路

提　要

　　中国最早的丝织品，开始出现于东南的良渚文化中。经商代到战国，则已相当发达。汉代的丝织品，在新疆出土很多。1972 年，从湖南长沙马王堆汉墓中出土了绮、锦、刺绣等。汉代丝织品不仅流行于国内，还输出于西方，一直销售到罗马帝国。

　　由于栽培桑树及养蚕方法的进步，在汉代，中国的蚕丝便已相当纤细；并由于掌握了缫丝的方法，所以能获得优质的长纤维的蚕丝。最迟到东汉时（公元 1—2 世纪）已有了用脚踏板的织机；而这在欧洲到了公元 6 世纪才开始采用，到了 13 世纪才广泛流行。另外，能织出复杂纹样的提花织机，也是中国最先发明而传入欧洲的。

　　汉代的锦，已经达到相当高的水平。纬线只有单一颜色而经线每组则有两种或三种颜色。湖北江陵和湖南长沙都曾发现战国时代的锦。还发现了需要相当花费功夫的刺绣和显花罗纱。染丝的染料有靛青、茜红、栀黄等植物染料以及朱砂（硫化汞）等矿物染料。

　　汉代的丝绸，沿着汉武帝时（公元前 2 世纪末）所开辟的丝绸之路运到了西方。丝绸之路这一名词，是 1877 年德国地理学家李希霍芬（F. von Richthofen）提出来的。他强调了这条路的开辟，主要是为了将中国的丝绸运到罗马去。中国的丝绸，在埃及和叙利亚也发现过，意大利的南方曾出土过罗马时代的丝绸。

　　当时，中国也曾从西方输入一些物品，在中国国内的丝绸之路上，曾发现了萨珊朝波斯银币和拜占庭的金币。此外，佛教和佛教艺术也是沿着这条道路传到中国来的。

　　中国的丝绸，从魏晋南北朝直到唐代，受了西方的影响，采用了纬线显花法和蜡染法，等等。在花纹方面采用了孤立的花纹散布全幅的章法。萨珊朝波斯式的连珠纹也很流行。唐代有许多丝绸传到了日本，成为正仓院中有名的藏品。

中国丝织物的出现

中国是全世界最早饲养家蚕和缫丝制绢的国家，长期以来曾经是从事这种手工业的唯一的国家。有人认为丝绸或许是中国对于世界物质文化最大的一项贡献。

根据**最近二十多年考古发掘的结果**[1]，一般认为中国丝织物开始出现于中国东南地区的良渚文化（约公元前 3300 年—前 2300 年）。到商代（约公元前 1500 年—前 1100 年），中国丝织物便已达到相当高的水平。当时除了平织的绢以外，已有了经线显花的单色绮和多彩的刺绣。到了战国时代（公元前 475 年—前 221 年），又添了织锦，色泽鲜艳多彩。最近（1982 年）我们在湖北江陵的一座战国墓[2]（约公元前 4 世纪）中发现了美丽的织锦和刺绣。后来汉文中"锦绣"二字成为"美丽"的同义语。今天我们常说

（1） 夏鼐：《我国古代蚕、桑、丝、绸的历史》，《考古》1972 年 2 期；《考古学和科技史》，科学出版社，1979 年。又见《夏鼐文集》第 3 册。

（2） 荆州地区博物馆：《湖北江陵马山砖厂一号墓出土大批战国时期丝织品》，《文物》1982 年 10 期。
〔本书增注〕湖北省荆州地区博物馆：《江陵马山一号楚墓》，文物出版社，1985 年。

中国是"锦绣河山",便是"非常美丽的国土"的意思。

汉代的丝织物,继承了战国时代的传统,新疆发现最多[3]。1972年长沙马王堆两座汉墓中出土的丝织物[4],除了绢、绮、锦、绣之外,又有了高级的绒圈锦、印花敷彩纱和提花的罗纱(罗绮)。当时织造技术有了发展,所以能生产高级的丝绸销售到国内、国外的市场中去,为当时欧亚大陆上许多文明民族所喜爱乐用。因之,沿着当时新开辟的"丝绸之路",汉代丝绸大量地向西方输出,一直销售到罗马帝国首都的罗马城中去[5]。当然,丝绸也为国内的贵族、达官和富人所喜欢穿用,死后也被带到坟墓中去。近年来,我们曾在"丝绸之路"的沿途各中间站及其附近发现汉、唐丝绸。我曾绘制一地图,标出发现汉、唐丝绸的地点(图2-1)。

---

(3) 夏鼐:《新疆新发现的古代丝织品——绮、锦和刺绣》,《考古学报》1963年1期;《考古学和科技史》,科学出版社,1979年。又见《夏鼐文集》第3册。
(4) 湖南省博物馆、中国科学院考古研究所:《长沙马王堆一号汉墓》二册,文物出版社,1973年。
上海市纺织科学研究院、上海市丝绸工业公司文物研究组:《长沙马王堆一号汉墓出土纺织品的研究》,文物出版社,1980年。
(5) 护雅夫编:《漢とローマ》(東西文明の交流Ⅰ),平凡社,1970年。

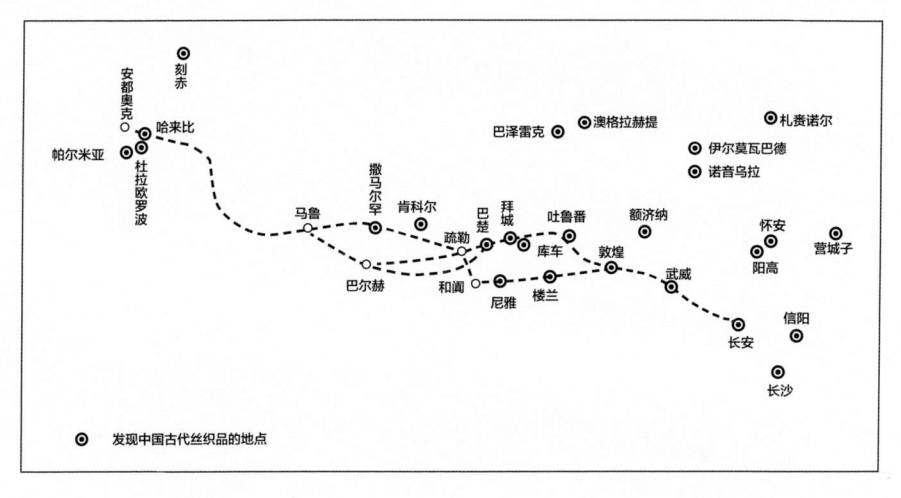

图 2-1 丝绸之路简图

最近二十多年考古发掘的结果

中国最早的丝织品，是1958年在浙江省吴兴县钱山漾遗址中发现的良渚文化期的丝织品、绢片丝带等。经过鉴定，这是以家蚕丝为原料的。

在殷墟，曾出土过回文纹饰的丝织品和雷文纹饰的绮等，包缠在青铜器上，这是殷代的；至于西周，曾在陕西省宝鸡市茹家庄西周墓中，出土过用辫子股绣的针法，绣出简单的几何纹花样。

战国时代的例子就更多了。在湖南的长沙、湖北的江陵，因为用白膏泥封闭墓，有机物容易保存下来，因而丝绸和丝织品的出土更是屡见不鲜。

汉代丝绸业发达的原因

汉代丝绸业发达的原因，主要是养蚕技术的改进和缫丝、织造、印染等技术的提高。而养蚕技术的改造首先要改良栽桑技术。

关于栽桑一事，战国时代的铜器上刻的采桑图便表示当时已有两种桑树：即高株的普通桑和矮株的"地桑"（或"鲁桑"）（图2-2）。后者是人工改良的结果。栽桑者将普通桑树主干的上部砍去一段，又使其他树枝都只能达一定的高度。这样一来，这种"地桑"低矮，易于采摘，并且枝叶茂盛，增加桑叶的生产量，而枝嫩叶阔，宜于饲蚕。东汉画像石中也有采桑图，便是这种"地桑"（图2-3）。汉代农书《**氾胜之书**》（公元前1世纪）中说："桑生正与黍高平，因以利镰摩地刈之。"这便是培植"地桑"的一种方法。有了良好桑树，才能养出良种的家蚕。

图 2-2　战国铜器上的采桑图

图 2-3　汉画像石上的采桑图

至于养蚕的方法，东汉崔寔的《**四民月令**》中说："治蚕室，涂隙穴，具槌（支架蚕箔的立柱）、栨（蚕架横木）、箔（养蚕的竹筛）、笼（竹编的罩形器，让蚕在上面结茧）。"这里涂塞隙缝，是为了防止鼠患，又易于掌握蚕室的温度。竹木制的工具是为了养蚕而特制的。因为讲究饲养的方法，所以产生了优良的蚕丝。根据实测，汉代蚕丝的直径是 20—30 "穆"（一 "穆" 为 0.001 毫米），近代中国广州丝是 21.8 "穆"，日本、叙利亚、法国为 27.7—31.7 "穆"。最近长沙马王堆出土的丝，其原纤维（单丝）的直径为 6.15—9.25 "穆"，而近代的中国丝为 6—18 "穆"。

纵使由于年久老化而萎缩，但是毫无疑问，汉丝是相当纤细的。这是中国人对于养蚕技术长期而细心地考究饲养法的结果。

有了蚕茧，下一步是缫丝。西汉**董仲舒**（公元前2世纪末）的《春秋繁露》中说："茧待缫以涫汤。"（卷十《实性篇》）缫丝是获得长纤维的蚕丝的一个秘诀。蚕丝的纤维，一根可达800—1000米的长度。在纺织业中，蚕丝纤维的长短可作为它的商品价值的标准。纤维越长，则成纱线的速度越快，而费用越低。蚕茧在沸汤中煮过后，蛹便被杀死。否则蚕蛹变成蚕蛾后咬孔钻出，便损坏了蚕茧的长纤维，无法缫丝。这种废茧的乱丝，只能作为丝绵以为衣服衬里之用。此外，沸汤溶解一部分丝胶，使缫丝工作得以顺利进行。沸汤缫丝法是一个窍门。如果外国人偷运蚕种出境而没有同时学得煮茧缫丝法，仍不能获得长纤维的优良蚕丝。中国传统的缫丝法，先将若干蚕茧投入沸汤中，然后拣起几个茧的丝头，并在一起，通过缫丝工具上的洞孔和钩，各丝纤维便粘合成一根丝线。然后将丝线卷到缫丝轴上去。这种方法操作起来并不困难，可能在汉代便已有类似的缫丝法，包括一些简单的设置。长沙马王堆汉墓出土的织锦的经线和纬线，是由10根至17根蚕丝纤维组成的。每根线的粗细是16.9—30.8旦尼尔（每旦尼尔为9000米长的线合若干克）。出土的罗纱的丝线较细，每根是10.2—11.3旦尼尔。汉代的丝线似乎并未纺过，只是在几根蚕丝并合成线时稍有扭转而已。为了增加丝的抗张强度和弹性，缫过的丝线，当进行"调丝"的手续时，还使几根丝线并合为一根纱，作为经、纬线之用。在这过程中丝线虽或稍受扭转，但因为丝是长纤维，所以不必像短纤维的棉、麻、羊毛之类那样需要纺捻。上述的马王堆墓出土织锦的经纬线，每根纱由 4 至 5 根丝线组成，而每根线又由 10 至 14 根丝纤维组成，所以每根纱有时多达 54 根丝纤维。另一出土物木瑟上的丝弦，是由 16 根多根丝纤维拼合的丝线所组成，捻度（扭转的数目）是每一厘米只有 1.35 转。铜山洪楼出土的纺织图，一边是织机，另一边那个在"调丝车"旁边的妇女，似乎正在从事调丝的工作。

《氾胜之书》

氾胜之，山东省曹县人。汉成帝时为议郎，是参与关中地区农业指导的人物。其生平著述现在几乎全部失传。

《氾胜之书》，见《汉书·艺文志》农家部，《氾胜之十八篇》。《隋书·经籍志》载：《氾胜之书二卷》。其后，散佚失传。现今所传之本，系辑自诸书引文者，并加以复原，凡3700字。

这里所引用的有关桑树材料，系据北魏贾思勰《齐民要术》引《氾胜之书》种桑法的解说部分。

《四民月令》

崔寔，东汉晚期河北省安平县人。历任议郎、五原太守、辽东太守、尚书等职。《后汉书》有传。其平生所著政治论文集，号曰《政论》。

《四民月令》一书，乃用历的体例，按月分载华北地方年中行事。书中记载了不少有关农业的事情。原书已佚。在隋杜台卿的《玉烛宝典》和北魏贾思勰的《齐民要术》中有引文。后人根据此两书的引文，复原大半。

这里所引用的是旧历三月清明节部分的记事。主要是记载蚕妾的工作内容。

董仲舒（约公元前179年—前104年）

西汉儒者，广川人。汉武帝时仲舒以贤良对策，先后拜为武帝兄江都王及胶西王的相。后称病不仕。但朝廷如有大议，则使使者就其家问之。

生平著述今传于世者有《公羊董仲舒治狱》一六篇、《董仲舒》一二三篇、《春秋繁露》等（或疑今本《繁露》即在此一二三篇之内）。

董仲舒以《春秋》灾异之变，推衍阴阳五行之学；确立了儒学在国家的崇高地位。

平织的织机和提花机的出现

我曾利用这洪楼画像石（图 2-4）和其他几块汉画像石的织机图，复原了一幅汉织机结构图（图 2-5）。这是为平织物用的较简单的织机。这种织机有卷经线的轴和卷布帛的轴。还有为开梭口运动的"分经木"和"综片"，分开经线以便投梭。织机下有脚踏板二片，用以提综片开梭口。有了脚踏板，提综的工作不用手而用脚，可以腾出手来以打筘或投梭。东汉（公元 1—2 世纪）画

图 2-4　江苏省铜山县洪楼画像石上的纺织图

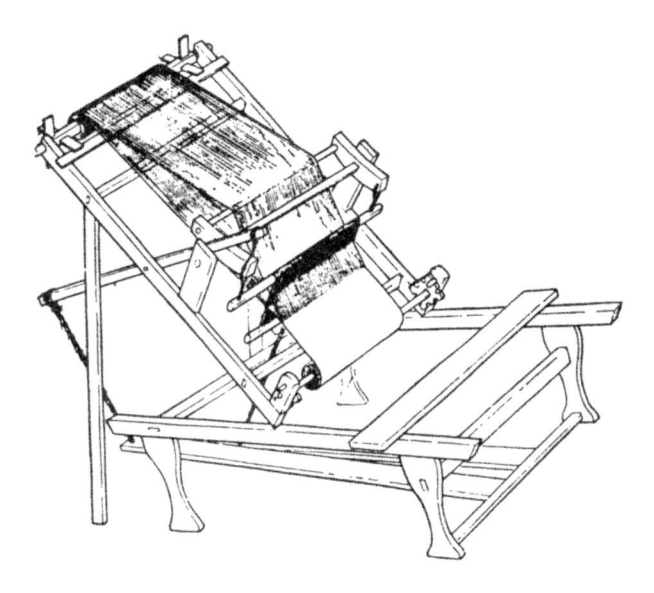

图 2-5　汉代织机复原图

像石上的织机都已有脚踏板，可见至迟到东汉时中国的织机上已用脚踏板。这是全世界织机上出现脚踏板最早的例子。欧洲要到公元 6 世纪才开始采用，到 13 世纪才广泛流行。所以许多人相信织机上的脚踏板是中国人的发明，大概是和中国另一发明提花机一起输入西方。

　　这种简单的织机，一般只能织平纹织物。至于罗绮、平纹绮、织锦、绒圈锦等具有繁复花纹的丝织物，一般便需要提花机。我从前曾根据我对于新疆出土丝织物的观察，推断有些丝织物需要提花综四五十片之多，因之推测当时织机已有提花设备，可能是"提花线束"而不是有长方架子的"综框"。最近我研究了马王堆汉墓的丝织物之后,我同意 H.B. 柏恩汉(Burhan)的意见,汉代提花织物可能是在普通织机上使用挑花棒织成花纹的。真正的提花机的出现可能稍晚[6]。欧洲方面最早使用提花机的时间,各家的意见不一致。有人以为始于 6 世纪,有人以为 7 世纪或更晚。但是也有人以为早在 3 世纪时,波斯、拜占庭、叙利亚和埃及各国便已使用一种简单的提花机,而真正的提花机要到 12 世纪才出现。他们对于提花机何时在欧洲开始使用,说法虽然不一致,但是都认为要较中国为晚,并且认为可能受了中国影响。

---

(6)〔本书增注〕夏鼐赴日本讲学前研究的,是江陵马山出土的战国丝织物。他曾于 1982 年 4 月专程前往考察数日。2013 年,成都市文物考古队与荆州文物保护中心合作,在成都天回镇的老官山,发掘四座西汉前期土坑木椁墓。其中年代属西汉景帝至武帝时期的 2 号墓,出土 4 架竹木制作的提花织机模型(1 架长 85 厘米、宽 26 厘米、高 50 厘米,3 架长 63 厘米、宽 19 厘米、高 37 厘米左右)、若干其他纺织工具模型,以及 15 具纺织工匠木俑(《考古》2014 年 7 期)。经杭州中国丝绸博物馆的专家复原研究,判定所出都是一勾多综提花机,一架属滑框型,三架属连杆型;复制出的原大提花机,分别陈列在中国丝绸博物馆和成都博物馆,并且成功地织制"五星出东方利中国"等锦。(《文物保护与考古科学》第 29 卷 5 期,2017 年)这充分证实,中国提花机出现的年代应确切无疑地大大提前,业已发现世界上年代最早的提花织机,不应低估中国当时提花工艺的水平。从而说明,夏鼐原先根据对新疆出土丝织物的观察,"推断有些丝织物需要提花综四五十片之多,因之推断当时织机已有提花设备",是完全正确的。

汉代丝织物的种类

其次，我们讨论汉代丝织物的种类和织法。汉代文献上丝织物的名目很多；但是因为各类丝织物的名称，各时代往往不同，常有同名异实或同实异名的情况，有些已不能确知为何物。同时，古人对织物分类的标准和现代不同，加以古代脱离生产的文人滥用名词，这就造成更大的混淆。我这里把重点放在考古发现实物的研究上，而只是偶尔兼及有关的文献。

就织法而言，汉代最普通的丝织物是平织的绢。绢的经、纬线的数目一般大致相同，密度每平方厘米为50—59根。但是**满城汉墓**[7]的细绢，有的达到每平方厘米200×90根（图2-6）。这个墓又曾出土平织的缣，经线单线而纬线双线。

其次为纱，有平织的方孔纱和罗组织的罗纱。前者常在墓中死者（男子）头部发现，有的带有涂漆的痕迹，当是冠帻的残片。这种方孔纱的经纬线稀疏，有的密度是每平方厘米3×20根。至

（7）中国科学院考古研究所满城发掘队：《满城汉墓发掘纪要》，《考古》1972年1期。

［作者补注］中国社会科学院考古研究所、河北省文物管理处：《满城汉墓发掘报告》二册，文物出版社，1980年。

图 2-6 马王堆一号汉墓出土素纱单衣

于罗纱,它的罗纱组织使用纠经法。织成后它的经、纬线都不易滑动,所以较平织的纱为优。汉代罗纱常常织有花纹,是提花的罗纱组织,织工利用罗纱组织中纠经的变化,用一种纠经法织出孔眼较大的底地,用另一种纠经法织成孔眼较细密的花纹(图2-7)。后者需要提花设备。这种提花的罗纱在马王堆汉墓中便有发现,在报告中称为罗绮(图2-8、2-9)。它是单色暗花,但是花纹清晰而优美。

汉代丝织物中最重要的是单色暗花绸(也称为绮,或平织绮)和多彩的织锦。平织绮是一种斜纹起花的平纹组织。有花纹的部

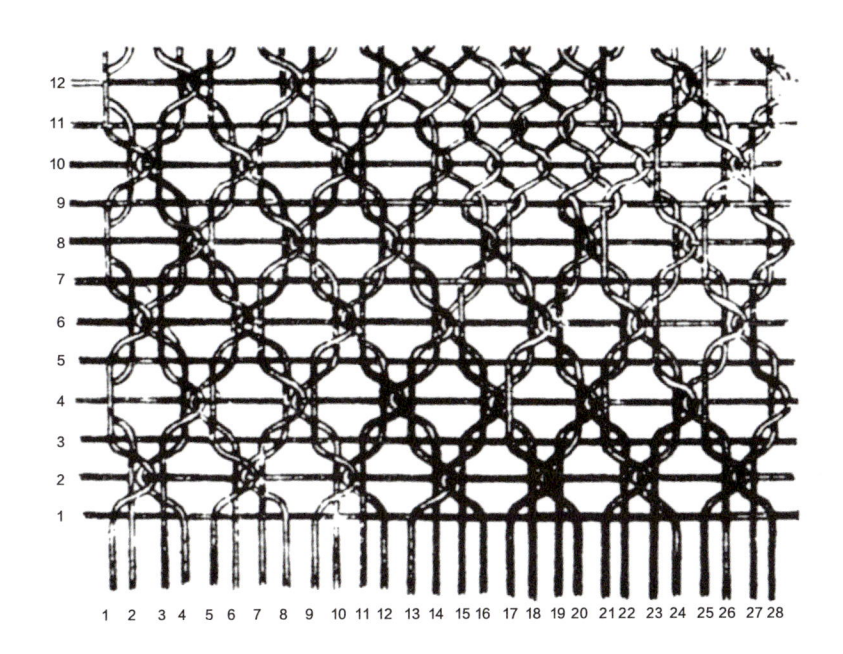

图 2-7　罗绮组织结构示意图

图 2-8　朱红菱纹罗绮

图 2-9　烟色菱纹罗绮

分，经、纬线的交织由"一上一下"改为"三上一下"。因经线的浮长线关系，花纹便由平织的地纹上浮突出来（图2-10）。商朝便有这种织物。汉代仍继续采用这种织法，马王堆汉墓中便有出土。另一种有人称为"汉绮组织"，是汉（东汉）时才出现的。这种组织不但底地是平织，并且显花部分中，每一根有浮同长线的经线相邻的另一根经线，也是平织的。这样增加一组平纹组织的经线，可以增加织物的坚牢程度，但又不影响花纹的外观。这种"汉绮组织"[8]在尼雅（民丰）、罗布淖尔[8A]和**诺因乌拉**[9]都有发现过，甚至于叙利亚的**巴尔米拉遗址**[10]也有发现。

（8）夏鼐：《新疆新发现的古代丝织品——绮、锦和刺绣》，《考古学报》1963年1期；《考古学和科技史》，科学出版社，1979年。又见《夏鼐文集》第3册。

（8A）〔作者补注〕民丰在新疆南部，1945年由和阗县（今和田县）析置。尼雅遗址在县北沙漠中，出土汉代丝织物，见《文物》1962年7—8期。罗布淖尔为湖泊名，在新疆塔里木河盆地东部，汉晋遗址在湖泊的北岸。这里所出汉代织物见西尔凡（Sylwan）：*Investigation Of Silk From Edsen-Gol And Lop-Nor*，1949年。

（9）梅原末治：《蒙古ノイン·ウラ発见の遗物》《東洋文庫論叢》第27册，1960年。

（10）〔作者补注〕参阅R.普非斯特（Pfister）：《巴尔米拉出土的织物》（法文）三册，1934年，1940年，巴黎。

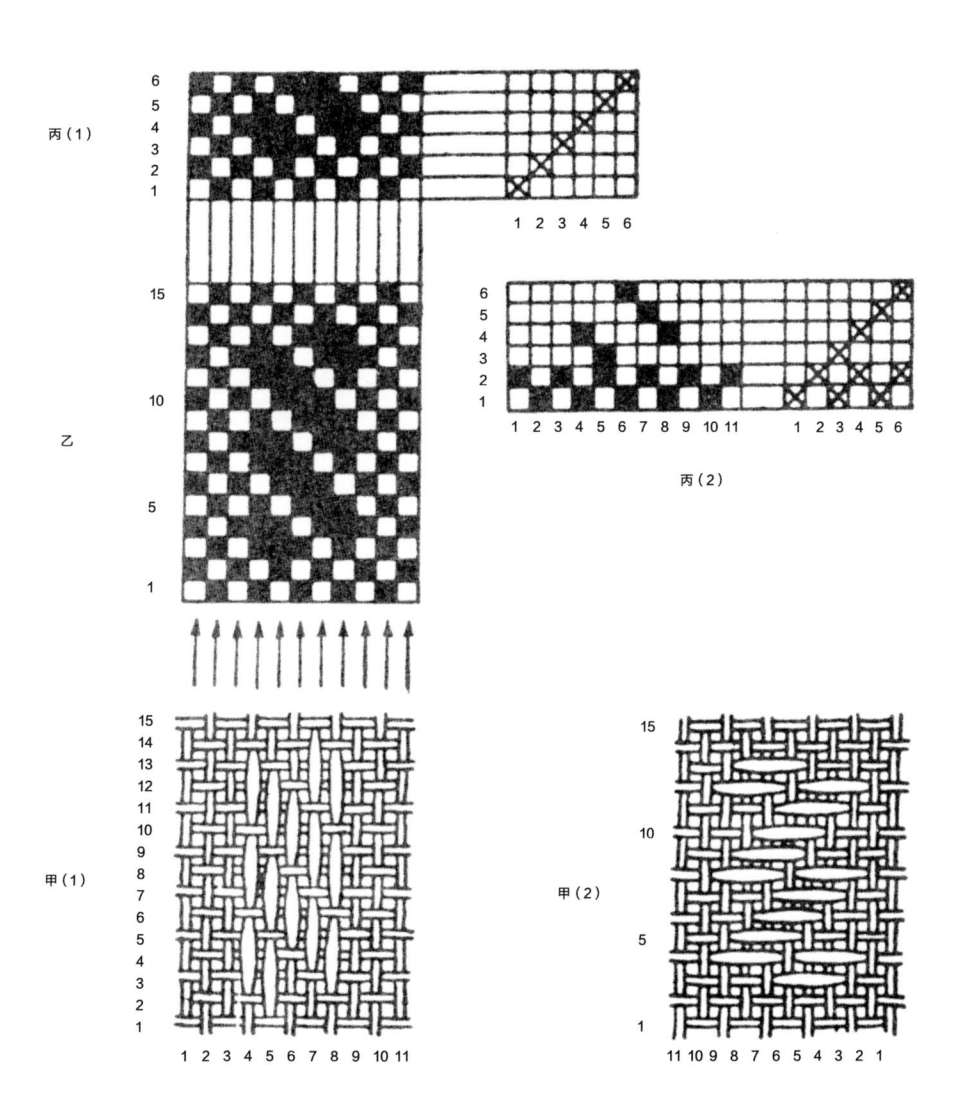

图 2-10 汉代平纹绮的组织结构图

满城汉墓

位于河北省满城县西郊，是西汉中期中山靖王刘胜（汉武帝庶兄、公元前113年殁）及其妻窦绾之墓。从二号墓中发现了"窦绾"铭的铜印；从一号墓中发现了刻有"中山内府"款的青铜容器、"中山祠祀"封泥，因而得以确定墓主人的姓名与身份。

此墓系在山中掘成隧洞，就隧洞扩展成为洞室。主室接续在墓道的后面，极为宽敞。主室的后面为棺室。在墓道的两侧，向外扩建，掏成耳洞，以埋藏随葬器物。死者身着金缕玉衣，身边散置玉器甚多。墓未遭盗掘，因而能保存下来许多随葬器物。随葬品除了车、马之外，有铜、铁、金银、陶、玉石、漆器，等等。

丝织品中，有平织的绢以及罗、彩锦、刺绣品等，主要都是在棺内发现的。

诺因乌拉（Noin-ula）

指位于蒙古国北部、色楞格河支流哈拉河流域的诺因乌拉山中的古墓群。1924年，苏联柯兹洛夫探险队在此地发现了三群计212座古坟。当时，发掘了大约十分之一。

大墓，为深达10米以上的土坑竖穴，有木棺椁。地面以上，积石为冢，每边约达20米。

出土遗物中除施以刺绣的丝织品诸如挂布、衣服等之外，还有中亚所制的毛织物、汉代漆器、青铜容器、北方系统的青铜器以至木器等。其中，在漆耳杯上有西汉建平五年（公元前2年）的题铭，在丝织品上也有织着汉字的图案花纹。棺内的垫褥上的刺绣花纹，为斯基泰西伯利亚系统的动物斗争图案。

根据墓葬形制和随葬遗物推测，墓主人当为匈奴的首领们。

巴尔米拉（palmyra）

位于叙利亚的大马士革东北约 230 公里的沙漠绿洲上的古代都市遗址。地处美索布达米亚连接叙利亚的贸易路线上的中继点，为塞琉古斯（Seleukos）*王朝的商队都市，公元前 64 年独立。当 3 世纪后半叶女王齐诺比亚时代时，由于贸易致富，合并了周围地带，荣显一时。公元 272 年，为罗马帝国奥利埃纳斯**大帝所灭，以后为罗马属州。

20 世纪初，德国、法国等曾在此进行发掘，发现了神殿、门址、剧场、军营、墓葬等遗迹。

（*）［编者注］今译为塞琉古（Seleucos）。
（**）［编者注］今译为奥勒良。

优质的织锦和绒圈锦

汉锦是汉代丝织物的最高水平的代表。它是五色缤纷的多彩织物。就织法而言，汉锦基本上是平纹重组织。它由两组或两组以上的经线（其中轮流有一组作为表经，其余为里经）和一组纬线更迭交织而成。纬线只有单一颜色的一组，但可依其作用分为交织纬（即"明纬"）和花纹纬（即"夹纬"）。二色或三色的经线，每色一根成为一副。织工利用夹纬将每副经线中表经和里经分开。表经是需要显色以表现花纹的经线，里经是转到背面的其他颜色的经线（图 2-11）。这样便使表经成为飞数三的浮

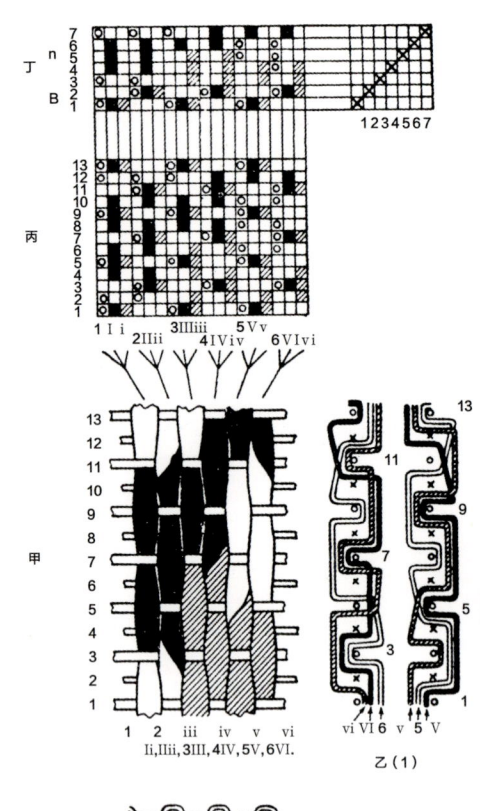

图 2-11 汉代三色彩锦组织图

图 2-12 尼雅出土东汉"万世如意"锦

线（在转换不同颜色的表经时，也有飞线为二的）。因为每副经线所包括的不同颜色的里经不能过多，如果一个花纹需要四色或四色以上，那便采用分区法，在同一区中一般是在四色以下。在中国，织锦最早发现于江陵和长沙的战国楚墓中。汉锦发现的地点便很多了（图 2-12、2-13、2-14、2-15、2-16、2-17、2-18）。

又有一种高级的织锦，有人称之为绒圈锦（图 2-19、2-20）。这是经线显花起绒圈的重组织。织时它需要有一种织入绒圈经内起填充成圈作用的假织纬（即起圈纬）。它在织后便被抽掉。这种线

图 2-13 尼雅出土东汉"万事如意"锦袍

圈锦不仅具有彩色花纹,还有高出锦面 0.7—0.8 毫米的绒圈。所以织物更显得厚实,而且花纹美观,具有一种立体感效果。这种绒圈锦的织机,由于起绒圈的经线用量较大,需要另配一经线轴。为了起绒圈又需要配备假织纬。这二者都是汉代的创新。

图 2-14 以绮为绣地的"乘云绣"绢枕巾

图 2-15 诺因乌拉出土双禽纹锦（彩色）

图 2-16 诺因乌拉出土双禽纹锦（黑白）

图 2-17 东汉延年益寿大宜子孙锦手套

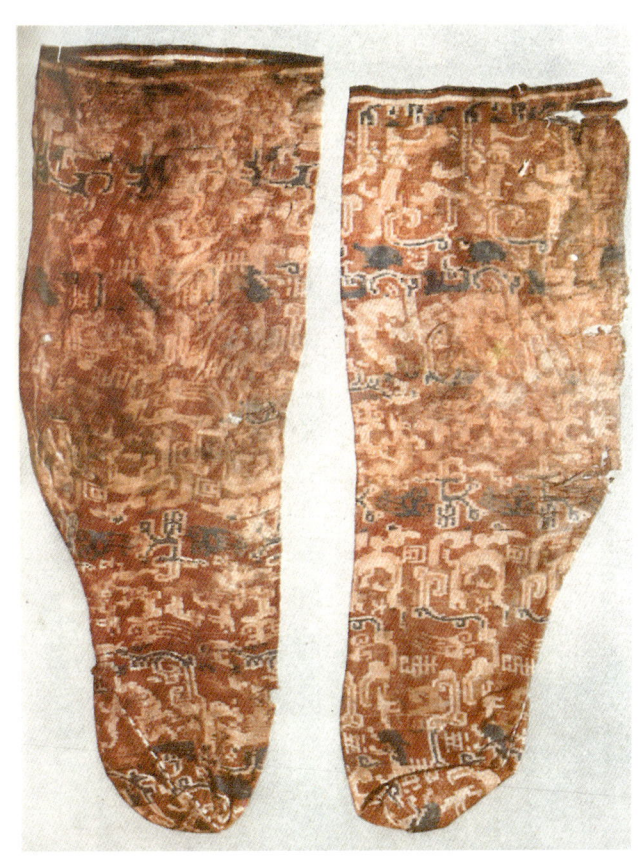

图 2-18 东汉延年益寿大宜子孙锦袜

图 2-19 绒圈锦及纵向剖面

图 2-20 马王堆出土绒圈锦

刺绣和印花的丝织物

除上述各种不同织法的丝织物之外，汉代还在已织成的丝织物上刺绣或印染花纹。汉代的刺绣，发现很多。有的保存完好，颜色鲜艳。它们是在平织绢、平织绮或提花罗绮上用各色丝线绣出花纹。在高明的绣师手中，绣针犹如画师的彩笔，可以绣出像绘画一样细致而流利的花纹，表达出绣师的技巧和个性，所以它的艺术性比织锦更高。又因为它不是由机械化的织机所制成，而是完全手工绣出来的，同样花纹的一副刺绣要比织锦费功夫多得多，所以当时绣比锦还要值钱。因之，更被珍视（图2-21、2-22、2-23、2-24）。

马王堆汉墓中还发现几件印花的纱绢。印花技术似乎采用阳纹板（或凸板），但是镂空板印花也是可能的。其中一件金银印花纱（图2-25），是用三块凸板各印一种颜色，成为三色套板。另一件是印花敷彩纱（图2-26）。这里先用凸板印出藤蔓作为底纹，然后用六种不同颜色的彩笔添绘花纹的细部，如花、叶、蓓蕾和花蕊之类。这几件是中国发现的最早的印花绢，时代在公元前2世纪之末。此外还有帛画，用颜色绘在绢上，长沙战国墓中已有发现。汉代的帛画，有马王堆汉墓中发现的几件，是艺术水平颇高的绘画。

图 2-21 "乘云绣"黄绮

图 2-22 茱萸纹绣绢

图 2-23 "长寿绣"黄绢

图 2-24 "信期绣"烟色绢

图 2-25 马王堆出土金银印花纱印花顺序

汉代染丝线和印染丝织物的染料，多用植物染料，例如靛青、茜红、栀黄等；也有采用矿物染料的，如银朱（硫化汞）、绢云母粉末（白色）、硫化铅（银灰色）。由于矿物染料比较原始，质量较差，效果不及植物染料鲜艳，所以汉代使用的矿物染料已经不多，常只作为颜料在绢上敷彩或彩画。至于颜色的种类除所谓"五色"的五种正色（红、黄、蓝、白、黑）以外，还有几种间色（如紫、褐、绿等），并且它们又各有不同的色调。全部色调当在二十种以上。媒染剂一般用铝盐（矾石）。

图 2-26 印花敷彩纱

华美的纹样图案

总之,就织造技术而论,汉代除了继承商、周的传统之外,又有了创新,因而取得了较高的成就。当时中国的织工,利用丝纤维的强度和长度的优点,发展了以经线为主线的织法,与西方使用短纤维纺织成的麻线或毛线而以纬线作为主线,传统不同。至于织机,汉代的是横卧式或斜放式,与西方的竖直式织机不同,所以汉代的织机比较容易利用脚踏板来提综。研究工作者一般认为织机上的脚踏板是中国的发明。丝纤维易于染色,所以汉代发展了彩锦和刺绣,又发明了绒圈锦和印花绢。这些织物都有华美的花纹图案。

至于汉代丝织物的花纹[11],它们是以装饰性为主的。**《后汉书·舆服志》**中说:"乘舆(皇帝)备文,日月星辰十二章,三公、诸侯用山、龙九章,公卿以下用华虫七章,皆备五采。"这些富有象征意义的花纹当是刺绣或绘彩的。但是一般作衣服之用的绮、锦等丝织物,它们的花纹就考古发掘所得的实物来看,主要是装饰性的,并不一定有宗教性或象征性的意义。其中绮、锦之类使用

---

(11)原田淑人:《漢六朝の服飾》(《東洋文庫論叢》第二十三),1937年,1967年增订版。

织机织造，其花纹的题材和风格和刺绣和印花绢不同。在织花的织物中，单色平织绮又和多色的平纹重组织的织锦不同。织锦花纹中有些具有象征性的东西如芝草、神兽、仙山等，主要是为了装饰美观，而不是专为它们的象征意义。花纹中有的夹以吉祥文字，但是这些文字也是美术字，具有很大的装饰性（图2-13、2-14、2-15、2-16、2-17、2-18）。

织物的织造技术的特点，影响到花纹图案。织锦由于提花机所用的提花综不能过多，所以它们的花纹一定有重复，循环不已。若干提花综为一整个系列，织时依顺序逐一提综，到整个系列完毕之后，继续提综便要依原来顺序倒反过来逐一提综，这样便形成一个花纹循环单位。因之，单元的花纹都是左右对称的花纹宽带一条，由幅边到幅边直贯全幅。这样的花纹循环单元一个一个地继续织出来，一直织到一幅织物的幅头。

汉代的平纹绮和罗纹绮，由于织法的关系，它们的花纹以菱纹、三角纹和回纹最常见。菱纹出现最早，商代的平纹绮便已有之。这些织法是斜纹经线显花的。相邻的两枚经线和纬线的交织点，像阶梯一样斜出。花纹线条便成带锯齿的直线，不易织出圆滑的曲线或弧线。所以，它们的花纹以菱纹及其变体为最普通。

所谓"菱纹变体"是指复合菱纹、回折纹组成的菱纹，开口的菱纹等。有种菱纹，它的两侧带有开口的小菱纹，当即文献上所谓"杯文（纹）"，因为它是耳杯形花纹由于斜纹显花的关系被扭曲成为这种花纹。简单的菱纹可能也是椭圆形扭曲而成。菱纹的框架内有时充填以图案化的动物纹或柿蒂纹，但是主纹仍是菱纹（图 2-8、2-9）。

至于织锦，因为它是多色的重组织，它的花纹的轮廓是以颜色的变换来显示的，所以花纹可以比较流利，利用曲线较多，而且曲线的线条也较圆滑，例如云纹、藤蔓纹、叉刺纹，也有图案化的动物纹和山峦纹。后者是一群高低起落的山峦，上面奔驰着各种动物，包括怪兽。有时还添上"万世如意""长宜子孙"之类吉祥文字（图 2-13、2-14、2-17、2-18）。织锦也有三角纹、菱纹及其变体，但是不多。西汉早期的绒圈锦的花纹都是几何纹或其变体，包括曲尺纹（图 2-19、2-20）。这是因为绒圈锦每组的经线过多而且每个绒圈还突出于锦面之上，难以获得清楚的富于弧线的花纹。树木纹在汉锦中不常见，只作为花纹的附属元素。只有到了6世纪，才出现了以成排的树木充满幅面的花纹（图 2-27）。汉锦中的卷云纹和"叉刺纹"，可能是由植物纹转变来的。

刺绣和印花绢的花纹不为织法所限制，可以手工绣出或绘出花纹，所以线条流畅，轮廓清楚。上述织锦中那些富于弧线的花纹图案，如蓓蕾纹、藤蔓纹和"叉刺纹"也被绣工所采用，而效果更好，富丽而流利，深得当时人民的喜爱。

具有汉代特点的平纹绮、罗纹绮、织锦和刺绣，不仅在中国

图 2-27 阿斯塔那出土树纹锦

境内发现，并且也曾在外国许多地方发现。有时在相距颇远的两处，其所发现的出土物，虽然花纹繁复，但花纹内容竟是几乎完全一样。显然它们是同一来源，可能是出于同一地方，甚至于是同一织坊的产品，而运输到各地去。王充《论衡》中说："齐地世刺绣，恒女无不能。襄邑俗织锦，钝妇无不巧。"（卷十二《程材篇》）《汉书·地理志》也记载齐郡临淄（今山东临淄）、陈留襄邑（今河南睢县）都有服官，管理这些**丝织物的制造**。

《后汉书·舆服志》

《后汉书》为东汉一代的断代正史。本纪、列传部分为南朝宋范晔所撰。"志"为西晋司马彪所撰。原来两书分别行世,后人把它们合并成一部《后汉书》。《舆服志》,为记述当时车马、服饰之制。本文所引用的部分为天子、诸侯祭天地明堂之际所穿着的衣服。

所谓十二章,乃指日、月、星辰、山、龙、华虫、宗彝、藻、火、粉米、黼、黻等十二种花纹而言,是饰于古来天子的衣服之上的。各种不同花纹都具有象征性的意义,本来表示帝王统治下的各氏族(或与各氏族相关的天神地祇)。天子的衣服,饰以这些花纹,便表示他能够得到诸神的帮助,且能使臣下知晓并承认天子将这些神祇(进而将各氏族)置于统属之下。

十二章的意义,后世各家解释不同。所谓"表示帝王统治下的各民族",也是"姑备一说"而已。

丝织物的制造

战国以后,中国丝织品的生产在各地广为盛行。这些地方生产该地方固有的、具有特色的产品。其中,生产丝织品最为繁盛的地方,是青州、兖州、徐州等地区。兖州的襄邑所生产的各种锦及刺绣,以临淄为中心的青州所生产的罗、纨、绮、缟和刺绣,都是非常有名的。

到汉代,纺织业作为普遍的民间手工业而日益发展,主要在山东地区和以四川省为中心的一带地方。尤其是在襄邑和临淄都设置了专门织造皇室所用丝织品的大规模官营作坊(服官),招雇当地女工,付以高额工资,进行生产。汉代为皇室制造各种用品的官署为少府;在少府中虽然特设织室,以掌其事,但其规模、产品质量,皆远远不及服官。

汉代丝绸流经丝绸之路

这些汉代丝绸,沿着汉武帝(公元前2世纪末)开辟的"**丝绸之路**"西运[12]。由地图上可以看出来,这些发现古代中国丝绸的地点,是"丝绸之路"沿线的中间站或其附近(图2-1)。

"丝绸之路"以西汉的都城长安为起点向西方延伸一直通到地中海东岸的安都奥克*(Antioch,即《魏略》的"安谷城"),全长达七千公里以上。这条路的开辟至今已有二千多年的历史,但是"丝绸之路"这一专称是1877年德国地理学家李希霍芬第一次使用,到现在已满一百年。他创造这个专词是为了强调这条路的开辟主要是为了运输中国丝绸到罗马帝国去。罗马帝国是当时世界上除了中国之外的另一个超级大国。

公元64年罗马帝国占领了叙利亚以后,中国丝绸很为罗马人

---

(12) 关于研究丝织品的文献资料有:
　　佐藤武敏:《中国古代絹織物史研究》(上、下),风间书房,1978年。
　　关于研究丝和丝绸之路的文献资料有:
　　布目顺郎《養蚕の起源と古代絹》,雄山阁,1979年。
　　长泽和俊:《シルクロード文化史》(全三卷),白水社,1983年(此书所述,比较详细)。

(*) 〔编者注〕今译安条克。

所赏识。当时及稍后，罗马城中的多斯克斯区（Vicus Tuscus）有专售中国丝绸的市场。那时候的罗马贵族不惜高价竞购中国丝绸。罗马作家奥利略亚尼（Vita Aureliani）说：罗马城内中国丝绸昂贵得和黄金等重同值。另一位罗马作者培利埃该提斯（Dionysius Periegetes，公元2—3世纪）说："中国人制造的珍贵的彩色丝绸，它的美丽像野地上盛开的花朵，它的纤细可和蛛丝网比美。"近代历史学家中有人以为罗马帝国的亡灭实由于贪购中国丝绸以致金银大量外流所致。另有人以为罗马帝国的兴衰是和"丝绸之路"畅通与否息息相关的。这些说法虽然有点夸张，但是当时在中西的交通和贸易中，中国丝绸确是占有非常重要的地位。

在丝绸之路开辟以前，中国的丝绸已经由欧亚草原的游牧民族运输到中亚。南部西伯利亚的**巴泽雷克（Pazyryk）的坟墓**[13]（公元前5世纪—前3世纪）中出土的中国织锦和刺绣以及山字

---

(13) 梅原末始：《アルタイ地方における考古學上の新發見》（《古代北方系文物の研究》），星野书店，1938年。
　　［作者补注］参阅鲁登科（Rudenko）：《斯基泰时期的山区阿尔泰的居民点》（俄文本），1953年。

纹铜镜，可以为证。同一时期或稍晚，这些东西可能通过中亚到西亚去。但是这条路作为贸易孔道而正式开辟，是汉武帝派**张骞**（？—前114年）通西域以后的事。公元前126年，张骞由西域返长安报告西域情况以后，"丝绸之路"便随着汉武帝的西进政策逐渐成为通途大道，大量的中国丝绸通过它向西运输。从前我们依据不可靠的史料，以为公元前3世纪或更早的西方文献中已提到塞累斯（Seres）或塞莉卡（Serica），而这些名词是否便是指中国或中国丝绸，值得深入研究。

公元前6世纪时安契美尼德王朝的波斯国派兵东征，直抵中亚的**锡尔河**（Syr-Daria）。公元前4世纪末，希腊雄主亚历山大东征，也抵达这条河。波斯人和希腊人都在这条河的河畔建立城市和堡垒，但是他们都没有提到更东的中国。只有较晚的有关亚力山大丰功伟绩的传说故事中，提到他曾亲自进军到中国境内，并且在东北方面修筑了长城。这些只能算是传奇小说，并不是历史事实。亚里士多德说：在希腊的科斯岛（Cos）上有蚕吐丝可织布。这似乎是指一种野蚕，它的废茧的丝可以供纺织。这和中国以家蚕的茧缲丝，并不相同。此外，有人以为中国丝绸在公元前3世纪以前早已输入欧洲，经过仔细查核，其所引的西方文献，有的是伪托的古书，或真书中后人有所附益，有的是由于误解古书的文句，都是靠不住的。

至于公元前3世纪的情况，罗马地理学家斯特拉菩（Strabo，公元前1世纪）说：公元前3世纪大夏国王东向扩土，直达塞累斯国。这是根据公元前100年时人阿波罗多拉斯（Apollodorus）的《安息国史》的记载，而后者当根据更早的文献。但是这里的塞累斯，似乎并非指中国，而是指中亚热海一带，即当时欧洲人所知道的丝绸来源的最远地点。这里的"塞累斯"是这个地名第一次在欧洲文献中出现。它是在公元前3世纪时便已使用呢，还是公元前1世纪的罗马作者用今名来指古代地区呢？现今不易下断语。但是至少我们可以说，公元前3世纪时中国丝绸似乎已西运到**大夏**。

另一个误解是有人以为公元前3世纪时中国的镍铜合金的白铜已沿着丝绸之路西输到大夏。虽然当时大夏铸币有用白铜的，但这种白铜并不一定来自中国。当时中国是否已产白铜仍属疑问。中国文献中最早有"**白铜**"一名的是晋常璩《华阳国志》（公元4世纪），但这并不一定指铜镍的合金。现存实物中似乎没有比明代更早的。有些被称为"白铜"的汉镜、"大夏真兴钱"，和隋五铢白钱，都是高锡的锡铜合金。不过，我们对于当时有中国白铜输入大夏提出疑问，并不是说当时中国丝绸也没有输入大夏。可能当时丝绸已经通过游牧民族西输到大夏等国。但是"丝绸之路"的正式开辟是公元前2世纪末张骞通西域以后的事。

公元1世纪时，罗马学者老普利尼（Pliny the Elder）的书中，不仅提到塞累斯这产丝之国，还提到这个国家以丝线织成绢帛输入罗马。4世纪时，史家马塞里努斯（Marcellinus）谈到中国丝绢时说："昔日吾国仅贵族始得衣之。而今则各级人民，无有等差。甚至于走夫皂卒，莫不衣之矣。"意大利境内气候潮湿，古代丝绸不易保存下来。据意大利一位教授说，在意大利南部的巴布利（Publie）遗址曾出土过罗马时代丝绸。此外，4世纪时罗马帝国属下的埃及的卡乌（Qau）和叙利亚的杜拉欧罗巴（Dura-Europa），都曾发现过中国丝绸。5世纪时，埃及和叙利亚许多地方都用中国的丝线在当地制造丝绢。6世纪时东罗马查士丁尼大帝才引进中国的家蚕的品种和饲养技术。

我曾在"丝绸之路"的东端西安做过考古工作，又曾从兰州开始，沿着河西走廊一路调查和试掘，一直到敦煌荒漠中的汉玉门关遗址[14]，还去过新疆的乌鲁木齐和吐鲁番调查古迹[15]。我也有机会访问过"丝绸之路"的西段，包括伊拉克的巴格达和伊朗的几座古城。这条长达七千公里以上的"丝绸之路"，中途有几段要通过荒无人烟的大漠和高山。当我骑乘骆驼考察汉玉门关和附近的汉代长城烽燧时，便更深刻地体会到当时在这条路上旅行者的艰苦情况。然而他们竟冲破一切困难，使这条通途在中西交通史上起了极为重要的作用。这实使人惊叹不已。日本广播协会曾拍摄了

---

(14) 夏鼐《敦煌考古漫记》，《考古通讯》1955年1、2、3期。
　　　[本书增注]《夏鼐文集》第四册（改题《甘肃考古漫记》）。
(15) 夏鼐：《吐鲁番新发现的古代丝绸》，《考古》1972年2期；《考古学和科技史》，科学出版社，1979年。
　　　[本书增注]《夏鼐文集》第三册。
　　　关于近年以来吐鲁番出土的丝织品可参照第一章的注（65）。

以冈崎教授为顾问的《丝绸之路》[16]电影。许多日本朋友曾到这"丝绸之路"沿线各地考察或旅行过。我想他们一定会同意我的这种看法。

但是中西的文化交流和贸易往来并不是单方面的。中国也由西方输入毛织品、香料、宝石、金银铸币、金银器（图2-28）等。例如中国境内沿着丝绸之路及其附

图 2-28　敖汉旗辽墓银执壶

（16）1980年以来由日本广播协会所作关于《丝绸之路》的记录有下列几种：
　　陈舜臣、NHK取材班:《長安から河西回廊へ》，1980年。
　　井上靖、NHK取材班:《敦煌》，1980年。
　　井上靖、冈崎敬、NHK取材班:《幻の楼蘭・黒水城》，1980年。
　　井上靖、长泽和俊、NHK取材班:《流砂の道》，1980年。
　　陈舜臣、NHK取材班:《天山南路の旅》，1981年。
　　司马辽太郎、NHK取材班:《民族の十字路》，1981年。
　　（以上皆日本广播出版协会刊行）

近，便曾发现过不少的**波斯银币和拜占庭（东罗马）金币**[17]（图1-73、2-29、2-30）。精神文明方面，如佛教和佛教艺术，也是沿着这条路传入中国。它们对中国的文化和艺术，产生了很大的影响。

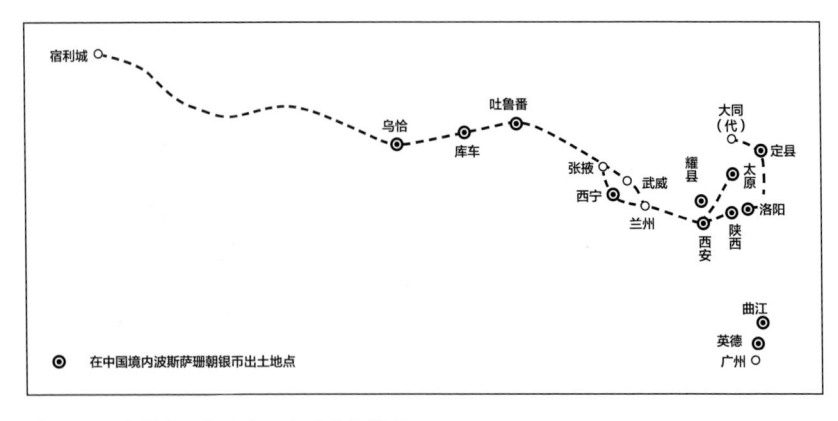

图 2-29　波斯萨珊朝和中国交通路线简图

---

(17)　夏鼐:《中国最近发现的波斯萨珊朝银币》,《考古学报》1957 年 2 期；《考古学论文集》，科学出版社，1961 年。

　　　夏鼐:《咸阳底张湾隋墓出土的东罗马金币》,《考古学报》1959 年 3 期；《考古学论文集》，科学出版社，1961 年。

　　　夏鼐:《综述中国出土的波斯萨珊朝银币》,《考古学报》1974 年 1 期。

　　　[本书增注] 以上三篇，均见《夏鼐文集》第三册。

　　　夏鼐著，樋口隆康等译:《中国考古学研究》，学生社，1981 年。

　　　冈崎敬:《サーサーン·ペルシア銀貨とその東伝について》,《東西交渉の考古学·増補》，平凡社，1980 年。

图 2-30　中国境内出土的波斯萨珊朝银币（银币上铸有国王的名字，分别为沙普尔二世、阿尔达希尔二世、沙普尔三世、耶斯提泽德二世、卑路斯、卑路斯、库思老一世、霍尔姆兹德二世、库思老二世、布伦女王）

丝绸之路

1877年,德国地理学家李希霍芬所提出的"丝绸之路"这一名称,乃泛指东西交通的道路而言。在中国,"丝绸之路"这一翻译过来的名词,已被肯定下来。在日本,从明治时代开始,首先是白鸟库吉从文献上来研究东西交通史、西域史;其后,有大谷光瑞等曾赴现地作考古学上的调查。

巴泽雷克(Pazyryk)的坟墓

巴泽雷克位于苏联南西伯利亚(今属俄罗斯)的阿尔泰山北侧的大乌拉干河岸,是由格里亚兹诺夫和鲁登科所领导的考古队,在此地发掘了古坟群的。

1-5号墓为大墓,方形墓坑,中埋木棺椁,墓上积石以筑冢堆。墓群附近海拔较高,气候荒寒,因而墓内封冻。随葬品除金属器、陶器之外,还发现有已木乃伊化了的干尸,以及木器、纺织品、皮革等有机质物品,保存的情况都很好。其中包含了西亚制的毛织物、中国制的丝织品。在纹饰中可以看到斯基泰西伯利亚系统的动物图案。

巴泽雷克文化为西伯利亚地方的一种游牧文化,其年代为公元前500—公元100年。

张骞(?—前114年)

陕西省城固县人。汉武帝时为郎。当时武帝欲讨伐匈奴,拟连大月氏与共击之。乃招募能出使月氏者，张骞以郎应募，大约于公元前 139 年出使西域。

张骞往返经匈奴地，为匈奴捕虏，于公元前 126 年脱归长安，为太中大夫。公元前 123 年，汉讨匈奴，骞从军击匈奴，以军功封为博望侯。其后二年，因战失有罪，得赎为庶人。以后因汉武帝欲与乌孙结为同盟，骞乃再次赴西域与乌孙通好。

由于张骞的西行，中国得以尽知西域情势，为汉武帝征伐匈奴进入西域作了重大的贡献。

锡尔河（Syr-Daria）

中亚的河流，希腊语也称之为药杀水（Jaxartes）。发源于天山山脉西部，流经克孜尔库姆沙漠北侧，而注入咸海。

上流的费尔干纳盆地中的霍占（Khojend）应是相当于亚历山大所建的五个亚历山大里亚之中的一个。自古以来，其地当东西交通之要冲，为北方游牧民族和西亚王朝角逐之地。

大夏

即西方史籍中的巴克特里亚（Bactria），位于中亚乌浒水（阿姆河）的上中游，现在的阿富汗国的北部。中心地为巴克特拉（现在的巴里黑，Balkh），在中国古代文献中译为缚喝罗（Bahlika）或小王舍城。

公元前 6 世纪时为波斯阿契美尼德王朝。公元前 6 世纪中叶为亚历山大所征服。其后，当塞琉古王朝统治时期，为希腊文化东渐的据点；公元前256年左右独立，并形成了大夏（希腊·巴克特里亚）王国。公元前2世纪前半的迪米特里厄斯（Demetrius）王时为其极盛时代，领土扩展到了印度西北部。公元前140年左右，由于遭到安息和月氏的侵略而灭亡。

在阿伊·哈努姆（Ai-khanoum，在阿富汗北部）曾发掘出都市遗址，发现了城堡街道、神殿、坟墓，等等。还发现有希腊式的石建筑物、陶器、雕刻、碑文等。大夏的历代诸王，都曾铸造希腊的德拉克麦（Drachma）式的银币。

白铜

铜镍合金之中，镍的含量占20%～25%，称之为白铜。往铜里加入镍的数量逐渐增加，则铜的色泽就将逐渐减薄，如果含镍量超过了20%，则呈银白色，因而称之为白铜。

镜及货币等的铜锡合金之中，含锡量如果超过了20%，也会呈现类似银灰的颜色，虽然也有称之为白铜质的，但从金属学的角度来讲，它仍属于青铜之一。

但是，在中国古书上所见到的白铜，并不全限于铜镍的合金。明代宋应星《天工开物》中所说的白铜，乃是铜和砷的合金。《华阳国志》所载云南省螳螂县（现在的安宁市）一带所产的白铜，很可能所指的也并非是铜和镍的合金。

波斯银币和拜占庭（东罗马）金币

拜占庭金币，1955年出土于陕西省咸阳市底张湾的隋墓中。据考订，为查士丁尼Ⅱ世（在位时间为 565—578 年）所铸。吐鲁番的三号墓中还发现了查士丁尼Ⅰ世（在位时间为 527—565 年）所铸的金币。阿斯塔那 5 号墓、6 号墓中以及西安市土门村唐墓中都曾出过同类金币，当是中亚所仿制的。

　　出土的波斯银币，已超过一千枚以上。在西安和洛阳以外，沿丝绸之路的一些地点，大部分都出过这类银币。至于在广东省所发现的波斯银币，当是沿着南方的海路而流入的。

由于西方影响而发展起来的唐代丝织物

中国丝绸的织造技术和花纹图案，经过魏晋南北朝到唐代，也受了西方的影响，而起了很大的变化。西方传统织法的斜纹组织，由于织物表面布满浮线，能更充分地显示丝线的光泽，所以后来被中国织工广泛采用。唐代的织锦[18]，也由汉锦的经线显花改而采用西方的较容易织的纬丝显花法（图2-31）。印染方面：唐代的蜡染和绞缬，也都是汉代所没有的。新疆尼雅东汉遗址[19]出土的靛蓝色蜡缬佛像花纹的棉布（图2-32），当是印度输入品。

花纹方面，汉代那种宽带式花纹布局，到了唐代改为孤立的花纹元素散布全幅。花纹母题（motif）则西方式植物纹盛行，包括忍

（18）新疆维吾尔自治区博物馆出土文物展览工作组：《丝绸之路——汉唐织物》，文物出版社，1972年。
新疆ウイグル自治区博物館編，岡崎敬訳，岡崎敬、西村兵部解説《漢唐の染織：シルクロードの新出土品》，小学館，1973年。
（19）新疆维吾尔自治区博物馆：《新疆民丰县北大沙漠中古遗址墓葬区东汉合葬墓清理简报》，《文物》1960年6期，11页，图见5、6页。

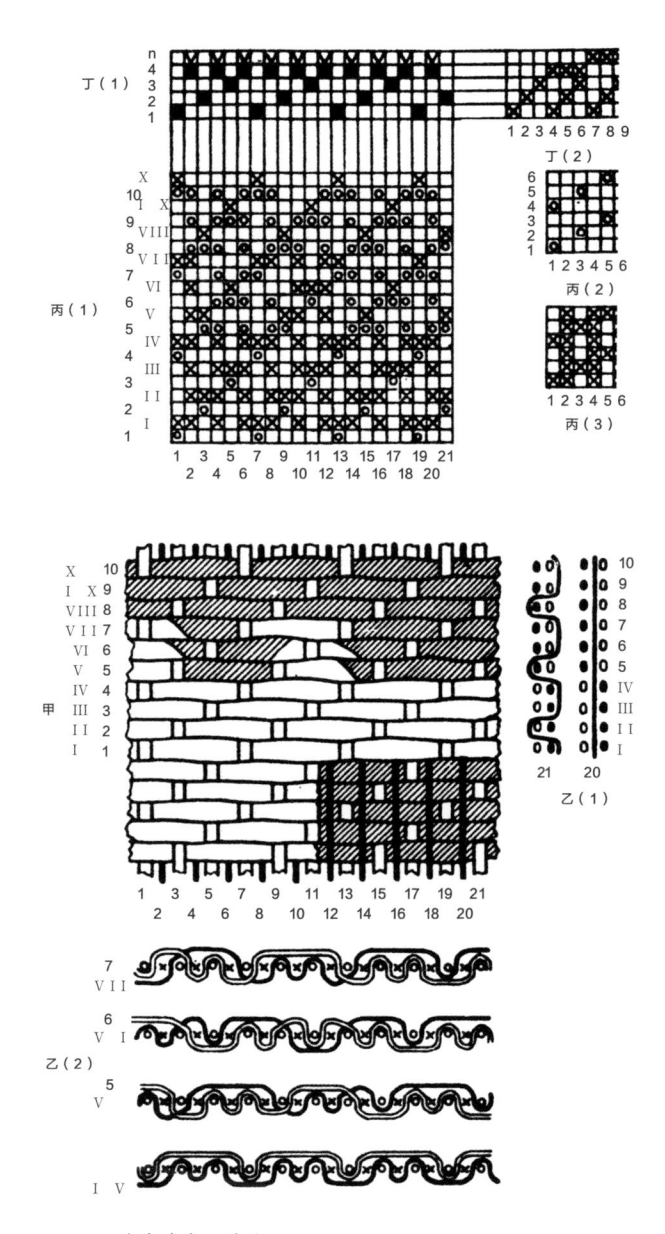

图 2-31 唐代纬线织锦的组织图

图 2-32 尼雅出土东汉蜡染花布

冬纹、葡萄纹等（图 2-33、2-34、2-35）。波斯萨珊朝式的那种以联珠缀成的圆圈作为主纹的边缘[20]（图 2-36），唐代很是盛行。圆圈内常填以对马纹、对鸟纹和对鸭纹等，也有填以波斯式的猪头纹和立鸟纹（图 2-37、2-38、2-39、2-40、2-41）。新疆出土的一件对驼纹织锦，织有汉字"胡王"（图 2-42）。这说明它是中国织工所设计织造的。花鸟纹锦的花纹，则是中国风格（图 2-43）。一件蜡缬狩猎纱，以射箭的骑士为主题，空隙处填以兔、鹿、花草、禽鸟等，很是生动（图 2-44）。绞缬

---

[20] 冈崎敬：《アスタァナ古墳群の研究》，《佛教藝術》十九，1953 年。
冈崎敬：《東西交涉の考古学》，平凡社，1973 年，增补版 1980 年。
深井晋司：《ターク・イ・ブスタン》（Taq-IBustan），东京大学东洋文化研究所，1983 年。

190 中国文明的起源

图 2-33 北朝方格兽纹锦

图 2-34 红色绞缬绢（阿斯塔那出土，以下均同）

图 2-35 蓝色绞缬绢

图 2-36 团花纹锦

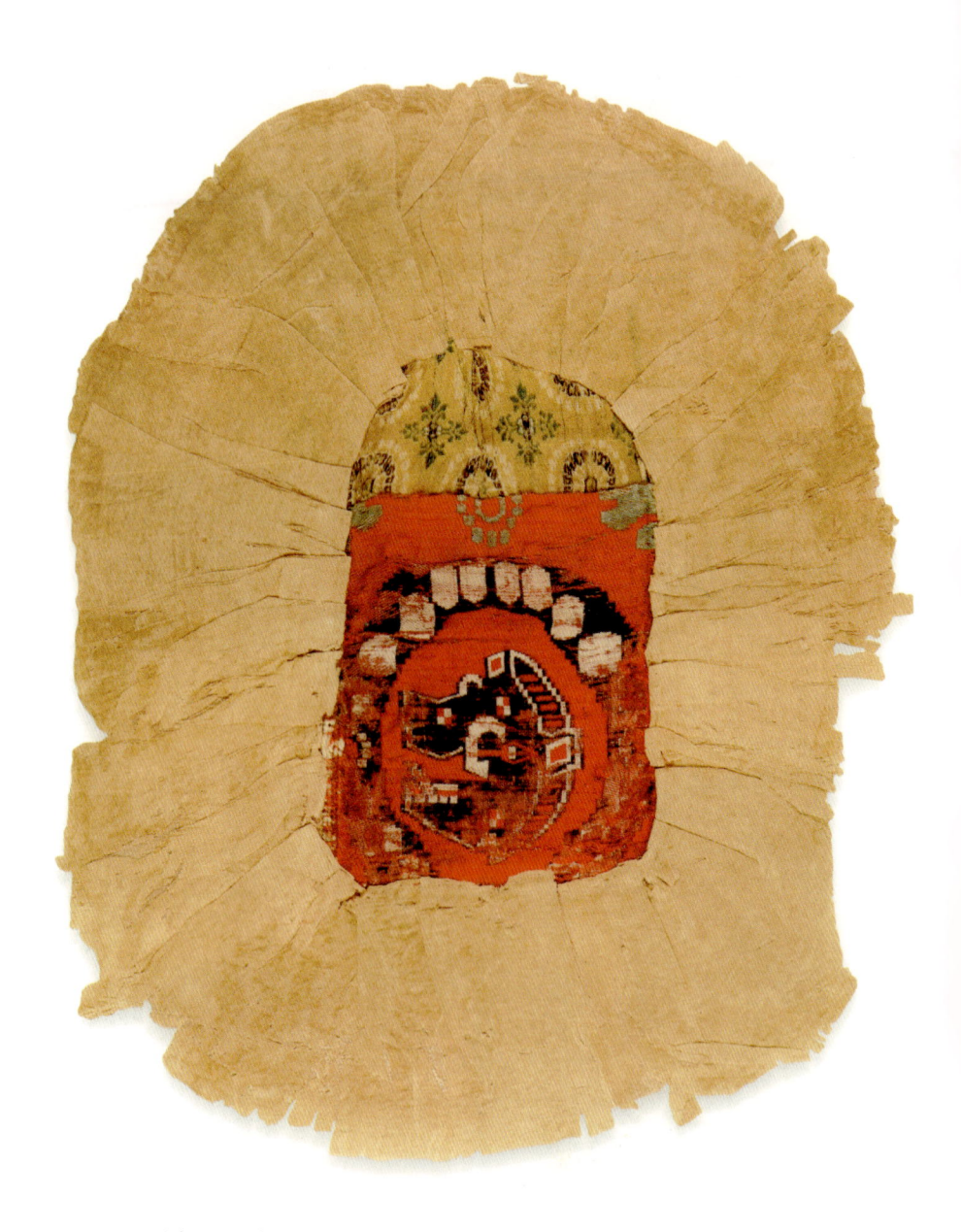

图 2-37 联珠熊头纹锦覆面

图 2-38 联珠孔雀纹锦覆面

图 2-39 联珠对鸟纹锦

图 2-40 联珠鸟纹锦覆面

图 2-41　联珠对鸭纹锦

图 2-42　牵驼"胡王"锦

第二章 汉唐丝绸和丝绸之路 195

图 2-43 花鸟纹锦

图 2-44 绿色蜡缬纱

的花纹常是几何纹（图2-33、2-34）。花纹单元的边缘轮廓，常常朦胧不清楚，和唐三彩的图案轮廓线相似，使人联想起现代画派的朦胧表现法[20A]。虽然唐代中国吸取了外国的元素，但是能加以融化，使之仍具有中国艺术的风格。所以唐代艺术，今天看起来，仍是中国艺术的传统的一部分。唐代的丝织物比汉代的更加华丽多彩。它们有许多传入日本，有的现仍藏在奈良东大寺**正仓院**[21]。这影响了日本当时的丝绸手工业。这是中日文化交流的又一个例子。

总结上面的论述，我们可以说：汉代丝织物一方面继承了战国时代的传统，而另一方面又有了变化和发展，因之达到了很高的水平，而被境外的文明民族（包括罗马人）所喜爱。这导致"丝绸之路"的开辟和发展。到了唐代，中国丝绸因为受了通过"丝绸之路"传进来的西方影响和本身的创新和发展，无论在织造技术或花纹方面，都有了很大的变化。虽然有人把两个时代的丝织物合称"汉唐丝绸"，实际上二者大不相同。这种变化和发展的过程，大致的轮廓是清楚的，但是细节方面还有待于今后进一步深入探讨。

（20A）[作者补注] 文中所述各件唐代花纹的丝织物，见新疆博物馆：《汉唐丝绸》，1972年；《新疆出土文物》，文物出版社，1975年。
（21） 正仓院事务所：《正倉院の宝物》，朝日新闻社，1965年。
　　　正仓院事务所：《正倉院宝物　北仓　中仓　南仓》，朝日新闻社，1960—1962年。
　　　正仓院事务所：《正倉院の羅》，日本经济新闻社，1971年。
　　　松本包夫：《正倉院の染織》，至文堂，1974年。

正仓院

现在，正仓院所珍藏的染织遗宝，包括残缺不完整者在内，远远超过了十万件以上。如果再加以法隆寺中所保存下来的丝织品，可以说七八世纪时代的染织品大体上网罗殆尽。丝织品中的罗、绫、锦之外，还有施以蜡缬、绞缬的染色丝绸，施以印花彩绘的丝绸，以及带有刺绣的丝绸。

其中主要的藏品，是天平胜宝八年（756年）时，皇室捐献给东大寺的圣武天皇生前所用的衣物，都是天平年间的。其中，大部分的衣物应是遣唐使从唐朝带回日本的。

图六一 安阳西北冈大墓和祭

第三章

中国文明的起源

提　要 *

全世界最古老的、独立发展的文明，是六大文明。即：两河流域、埃及、印度、中国、墨西哥和秘鲁。前二者有互相影响的关系，有考古学的资料为证。印度和两河流域二者之间的关系，也是如此。墨西哥和秘鲁在新大陆，和旧大陆远隔重洋，一般认为它们的文明起源与旧大陆无关。只有中国文明的起源这一问题，成为传播论派和独立演化论派的争论的交锋点。

以前，有的学者以为小屯殷墟文化，即从安阳小屯殷墟所发掘出来的遗址、遗物，便是代表中国最早的文明。小屯殷墟文化，便是中国文明的诞生。但是，小屯殷墟文化是一个高度发达的文明。如果认为这是中国文明的诞生，那就未免有点像传说中的老子，生下来便有了白胡子。于是有些人主张中国文明的西来说，说中国文明是把近东的两河流域成熟了的文明整个移植过来。这是主张中国文明西来说者，用最简单的办法来解决中国文明起源这样一个复杂问题。

但这个问题并不是那样简单的。中国考古工作者经过了三十多年的考古工作，对于小屯殷墟文化有了更加深刻的认识。在这一章里，着重地介绍了安阳小屯的考古新发现，特别是关于青铜器的发现。更重要的是，对于中国文明的起源，可以从殷墟文化向上追溯到郑州二里岗文化，和比这更为古老的偃师二里头文化。从新发现的文化内容上，我们可以证明它们之间是有联系、一脉相承的关系。

关于中国文明的起源问题，最能代表商文明的高度水平的特点有：相当发达的冶铸青铜的技术与铜器上的纹饰，甲骨文字的结构与特点，陶器的形制与花纹，玉器的制法与纹饰，等等。这些都有它的个性、它的特殊风格和特征。它们可以证明，中国文明是独自发生、发展，而并非外来的。

从最新发现的中国新石器时代的各种文化的分布地区，及其相互关系与发展过程，也可以看出中国文明的产生，主要是由于本身的发展；但是这并不排斥在发展过程中有时可能加上一些外来的因素、外来的影响。根据考古学上的证据，中国虽然并不是完全同外界隔离，但是中国文明还是在中国土地上土生土长的。

中国的考古工作者，现正在努力探索中国文明的起源。探索的主要对象是新石器时代末期或铜石并用时代的各种文明要素的起源和发展，例如青铜冶铸技术、文字的发明和改进、城市和国家的起源，等等。这些都是我们中国考古学上今后的重要课题。

（*）〔编者注〕此提要系夏鼐为本书中文版特地补写。

文明起源的早晚

"文明"一词，在中国文献中最初见于《易经·文言传》中"天下文明"。<u>孔颖达</u>疏："有文章而光明也。"现今汉语中用它来翻译西文中 Civilization 一词，指人类社会进步的状态，与"野蛮"相对[1]。<u>摩尔根 - 恩格斯的社会发展史学说</u>（Morgan-Engels Theory）将"野蛮"分为"蒙昧"与"野蛮"两个时期，和"文明"时期合为人类社会发展的三个时期。人类从野蛮时期的高级阶段经过发明文字和利用文字记载语言创作而进入文明时期。

现今史学界一般把"文明"一词用来指一个社会已由氏族制度解体而进入有了国家组织的阶级社会的阶段。这种社会中，除了

（1）〔作者补注〕今本《尚书·舜典篇》中，有"濬哲文明"句，论者或以为较《易经·文言传》为早。但今本的《舜典篇》，为东晋孔传本从《尧典》中分出者。据近人考订，其成书当在战国时代。《舜典篇》中，开始的28字（其中包括"濬哲文明"四字），实为南齐建武四年（487年）姚方兴奏献本所附加的（参《十三经注疏》本《舜典》孔颖达疏及陈梦家《尚书通论》71—72页及112页）。因此，《舜典篇》的"文明"二字，较之《易经·文言传》的时代为晚。关于《文言传》的年代，一般以为应是西汉初期的著作。马王堆三号墓（西汉初年）出土的《易经》未见《文言传》。汉字"文"与"明"二字连缀一起构成一个词组，恐不能上溯到先秦时代。

政治组织上的国家以外，已有城市作为政治（宫殿和官署）、经济（手工业以外，又有商业）、文化（包括宗教）各方面活动的中心。它们一般都已经发明文字，能够利用文字作记载（秘鲁似为例外，仅有结绳记事），并且都已知道冶炼金属。文明的这些标志以文字最为重要。欧洲的远古文化只有爱琴－米诺文化，因为它已有了文字，可以称为"文明"。此外，欧洲各地的各种史前文化，虽然有的已进入青铜时代，甚至进入铁器时代，但都不称为"文明"。

英国剑桥大学**格林·丹尼尔教授**[2]（G.Daniel）在1968年曾认为全世界最古老的独立发展的文明是六大文明：埃及、两河流域、印度、中国、墨西哥（包括奥尔密克文化和玛雅文化）和秘鲁。前二者有互相影响的关系，这有考古学的资料为证。印度河流域和两河流域二者之间的关系，也是如此。荷兰著名考古学家**弗克福特**（H.Frankfort）在五十年代初便指出全世界范围内独立发展的文明可能只有三个：近东（埃及、两河流域），中国和中、南美（墨西哥、秘鲁）。后者远在新大陆，与旧大陆遥隔重洋，一般认为它们的起源与旧大陆无关。只有中国文明的起源这一问题，成为**传播论派和独立演化论派**的争论的交锋点[3]。它不仅是中国

（2）〔译者补注〕丹尼尔于1974年任剑桥大学考古学教授，1981年退休。
（3）〔作者补注〕樋口隆康所说的"中国最早的青铜文化是由西方输入的"这一说法，现下许多学者对此还是有不同看法。这问题还有待更多的有关的考古新发现，才能取得大家一致同意的结论。

史学和中国考古学中的一个重要课题，也是世界文化史上的一个重要课题。

我以为中国文明的起源问题，像别的古老文明的起源问题一样，也应该由考古学研究来解决。因为这一历史阶段正在文字萌芽和初创的时代。纵使有文字记载，也不一定能保存下来，所以这只好主要地依靠考古学的实物资料来作证。

六十年以前*，五四新文化运动的主将之一、文史研究的权威胡适博士，在 1923 年 6 月写给**顾颉刚**的一封信中还说道："发见渑池〔仰韶村〕石器时代的**安特森**近疑商代犹是石器时代的晚期（新石器时代）。我想他的假定颇近是。"[4] 1925 年法国考古学家**第·摩根**（J.de Morgan）以为中国文明的开始大约在公元前 7 至 8 世纪，更早的便属于中国史前时代，情况完全不清楚。

自从 1928 年安阳小屯的考古发掘开始以后，经过了最初几年的田野工作，便取得了很大的收获。到了三十年代，已可确定商代文化实在是一个灿烂的文明。但是当时一般学者仍以为小屯殷墟文化便是中国最早的文明。有人以为这便是中国文明的诞生。我们知道小屯殷墟文化是一个高度发达的文明。如果这是中国文明的诞生，这未免有点像传说中的老子，生下来便有了白胡子。

（*）〔编者注〕本文写于 1983 年。
（4）〔作者补注〕胡适（1891—1962），字适之，安徽绩溪人。他的这几句话见顾颉刚主编的《古史辨》第一册，1926 年版，200 页。

所以有些人以为中国文明是西来的，是把近东两河流域成熟了的文明整个拿过来。这是中国文明西来说者用最简单的办法以解决中国文明起源这一个复杂问题。

但是这个问题并不是这样简单。我们经过了三十多年的考古工作，对于小屯殷墟文化有了更深刻的认识。我们先来谈一谈小屯殷墟文化的面貌。

孔颖达（574—648 年）

唐初著名学者。冀州衡水人，字仲达。自八岁时就学，日恒背诵千余言。隋炀帝时，举为河内郡博士。炀帝尝召集诸郡儒者于都下讲学，颖达年最少而列前茅，因遭诸前辈学者妒忌，几被杀害。

唐灭隋，太宗重用颖达，历任学官，并为国子祭酒。为东宫侍讲，屡向太子进谏言。后受敕命与颜师古等共撰定《五经义训》一八〇卷，亦称之为《五经正义》，一直流传至今，解经者奉为圭臬。《周易正义》即其中之一种，取王弼注而为之疏，讲周易者多尊崇之。

他七十五岁逝世，赠太常卿，陪葬昭陵。

摩尔根 - 恩格斯的社会发展史学说

美国人类学者路易斯·H. 摩尔根（Lewis H.Morgan）于 1877 年发表了所著《古代社会》一书。书中，将人类社会的发展，按照其生活资料来源的扩充，分为蒙昧、野蛮、文明三个阶段（在日本，也有译作野蛮、未开、文明的）。而对于前两个阶段，又分别细分为下层、中层、上层三期。即：

蒙昧下层期——人类幼年期、植物采集

蒙昧中层期——使用火、鱼食

蒙昧上层期——发明弓、肉食

野蛮下层期——制作陶器

野蛮中层期——饲养家畜

野蛮上层期——铁矿的精炼

文明期——发明文字

马克思主义的理论家恩格斯,于1884年著《家庭、私有制与国家的起源》一书。他以摩尔根的人类文化发展的阶段为基础,更加以婚姻形态,提出社会发展的三阶段说。即蒙昧期为集团婚,野蛮期为对偶婚,野蛮上层期为一夫多妻婚和文明期的一夫一妻婚。

此书,为马克思主义的经典著作之一。

格林·丹尼尔教授

格林·丹尼尔(Glyn Daniel),为英国剑桥大学的圣约翰学院考古学人类学研究室的主任研究员,并兼任尤尼巴西特学院(University College)的考古学讲师。专门研究西欧和地中海地区的巨石纪念物和先史美术,对于考古学史也是造诣甚深的。他还是《古代》(Antiquity)这一专业性杂志的编辑人,并且是电视广播的主持人。

在他所著的《最初的文明:关于文明的起源的考古学研究》(The First Civilizations: The Archaeology of their Origins, Thames and Hudson, 1968)〔坂本完春译为日文,改题为《文明之起源与考古学》(现代教养文库)〕一书中,指出了美索布达米亚、埃及、印度河、中国、墨西哥、玛雅为六大文明起源之说。以前,一般的说法是,世界的古代文明是在大河流域独自发生的。但根据考古学的资料,作者主张,这些文明之间是依靠互相接触、刺激的联合作用,而产生了文明(坂本完春《译者书后》)。

弗克福特

亨利·弗克福特（Henri Frankfort，1897—1954年），荷兰阿姆斯特丹（Amsterdam）人。于阿姆斯特丹大学和伦敦大学毕业后，担任了英国的埃及考古调查会的发掘主任，主持了泰尔·埃尔·阿马尔那（Tell el Amarna）和阿拜多斯（Abydos）的调查工作。以后，担任了美国芝加哥大学东方研究所的伊拉克调查发掘主任，调查了泰尔·阿斯马尔（Tell Asmar）、卡法查（Khafaja）、科尔萨巴德（Khorsabad）等处的遗址。1949年，担任了伦敦大学的沃伯格研究所（Warburg Institute）主任。

代表作有：《近东文明的诞生》（*The Birth of Civilization in the Near East*，1951年）。该书中提出的主要论点为：

从原始转移向文明阶段，是不止一次地、逐渐形成的。但其变化，通常是由于和比较进步的外国人相接触而产生的。独自产生文明的例子有三个，即古代近东、中国和中南美。但是，玛雅和印加文化的创立过程不甚清楚；而中国文明，也有可能受到了来自西方的刺激。埃及和美索布达米亚的文明，则可确认为独立发生的。

传播论派和独立演化论派

中国文明的发源地在西方，是从西方传播过来的这种说法，很久以来就有了。18世纪后半，法国人约瑟夫·德·歧尼（Joseph de Guignes，或译德经）认为中国人乃是从埃及殖民过来的。另外两位法国的汉学家波提埃（M.G.Pauthier）和卢内尔曼将汉字和楔形文字进行比较，提出了中国文明和巴比伦文明有亲缘关系的说法。英国的东方学者拉克伯里（Terrien de Lacouperie）将中国文明和美索布达米亚的乌尔地方的迦勒底文明相比较，也认为两者之间有某种关系。英国的理格（James Legge），提出了诺亚的子孙东行来到中国之说。德国的李希霍芬也主张中国人是西方移入之说。

上述种种说法，无非都是出于假设。但安特森发现了彩陶并指出这和中亚的安诺以及东欧的特里波列等处的彩陶相类似；于是为西方起源说提供了有力的证据。

主中国文明是独自发展之说的，其论据是文明的发生都是在世界上的大河流域。也有人从人骨化石的研究上，提出在旧石器时代已经形成了的蒙古人种，是同汉民族的祖先有联系的。

另外，新石器时代的龙山文化，是发生于中国东部地区的土著文化。这种文化取代了西方起源*的仰韶文化。夏和殷的文化即是承袭了这种文化而衍变出来的。其后，西方系统的周文化占了统治地位。东西两个系统的文化，如此交替地发展形成了中国古代的文化，因而有主夷夏东西之说的。

总而言之，中国农耕文化在黄河流域是粟和稷，而在长江流域是水稻耕作。这和西亚的麦作农耕是有本质上差别的。其次，尽管最早的青铜文化是由西方输入的，但它是经土著民族独自发展起来的。

（*）[编者注] 此处的西方，非指西方世界，而是指中国的西部。有学者认为，夏、商、周三代及以前，中国地域大体上有东、西两个不同的体系。

顾颉刚（1893—1980年）

江苏省吴县人，民国时著名的历史学家。北京大学哲学系毕业后，在上海商务印书馆工作，其后历任北京大学副教授，厦门大学、广州中山大学教授，国立中央研究院历史语言研究所研究员、北平燕京大学教授等职。*

他从青年时代开始，即对传统的学问进行古典批判；认为这些书中所写的中国古代的传说，时代越古，越是有后代人加写进去的东西，因而提出要活用考古学、民俗学的方法，确立科学的史学。对于赞成和否定这一论点而引起的议论，后经整理为《古史辨》，陆续出版。他和志同道合的人一起创办了《禹贡》杂志，因为所发表的都是与他们具有同一观点的论文，所以人们称之为禹贡学派。

安特森

即安特生（Johan Gunnar Andersson，1874—1960年），瑞典地质学家，对于中国近代考古学的诞生作过贡献。他为了从事于中国矿产资源的调查和开发，于1914年应聘来华。他在各地从事地质调查期间，发现了周口店北京人的存在。从1921年以来，他由于发掘了河南仰韶遗址，调查了甘肃、青海等地（1923—1924），因而搜集了大量的彩陶。在这个基础上，他将甘肃的彩陶文化分为了六期，构成了当时从新石器时代到青铜器时代分期的标准。他回到瑞典以后，

（*）［本书增注］1954年起，任中国科学院历史研究所研究员，后曾受命主持"二十四史"和《清史稿》标点工作。

在斯德哥尔摩筹建了远东古物博物馆,自任馆长,以整理所搜标本,终了一生。

主要著作有:

中华远古之文化(英文)(*An Early Chinese Culture*),1923.

甘肃考古记(英文)(*Preliminary Report on Archaeological Research in Kansu*),1925.

黄土的儿女(英文)(*Children of the Yellow Earth*),1934.

中国史前史研究(英文)(*Researches into the Prehistory of the chinese*),BMFEA(《远东博物馆馆刊》)第 15 册,1943.

第·摩根(Jacques de Morgan,1857—1924 年)

法国著名考古学家。中学生时代即对考古有浓厚兴趣。1891 年任埃及古物局长官,对于孟斐斯(Memphis)遗迹、代森舒尔(Dahshur)珍宝、那迦达(Naqada)王墓等许多遗迹、遗物进行了调查并实施保存。1897 年以后,对波斯的苏萨(Susa)进行了有组织的调查发掘。在这里发现了诸如汉谟拉比法典的石碑、那拉姆·辛(Naram-Sin)战胜纪念碑等对于伊兰(Elam)的研究极为贵重的资料,把它们都拿到卢浮宫博物馆去了。所著关于史前文化、古代文明方面的概论性质的书,都是非常出色的。

主要著作:

埃及起源的研究(法文)(*Recherches sur les Origines de L'Egypte*),1896.

史前人类学(法文)(*L'humanite' Pre'historigue*),1924.

东方史前史(法文)(*La prehistoire Orientale*),1925.

小屯的殷墟文化

我是 1935 年春季在安阳殷墟初次参加考古发掘的，也是我第一次到这考古圣地。那一季我们发掘西北岗墓群。发掘团在侯家庄租到几间民房住下。因为当时盗墓贼猖狂，曾寄来匿名信，要我们不要染指他们视为宝藏的西北岗墓群，否则当心性命，所以住处的门前有威风凛凛的武装士兵站岗（图 3-1）。我最近一次去安

图 3-1　早年殷墟发掘时，武装士兵站岗情形

图 3-2　考古研究所安阳工作站

阳，是 1976 年妇好墓发现后去参观这个墓的出土物。经过这四十年的时光，这里的农民生活变化很大，社会治安良好。我们考古研究所在小屯村西建立了工作站，盖了楼房，有办公室、工作室、陈列室和仓库（图 3-2）。工作人员的条件改善了。日本朋友去安阳参观的，我们都很欢迎。

这四十多年来变化更大的是商代考古的研究方面。我们不仅累积了更多的考古资料，并且研究工作也更加深入了。去年（1982 年）9 月我在美国檀香山参加商文化的国际讨论会时，与台湾省来的代表和外国的同行们（包括日本的朋友）谈到这事时，大家也都有这种感觉。我们现在不是把甲骨片、铜器和玉器当作古董铺或收藏家的古董来看待，也不是把陶器、陶片、铜器、玉石器和骨器作为孤立的考古标本来作研究，而是把商文明作为一个文明的整体来作研究。

作为都市的殷墟

小屯殷墟是在今日河南安阳市西北约三公里余,在洹水南岸。它是商朝后期的首都。这是有文献记载的。秦汉之际(公元前3世纪末),大家还知道这里是"洹水南殷墟"(《史记·项羽本纪》)。关于都城的年代,虽有各种不同的说法,一般认为是盘庚迁殷一直到纣王被周所灭,共273年,都在这里建都。它的绝对年代,一般采用约公元前1300年—前1027年的说法,但是也有提早数十年到一百来年的可能[5]。

根据考古发掘结果,我们知道远在公元前第二个千年后期小屯殷墟已是一个都市规模的城市。这里的中心区有几片夯土地基。其中较大的一座是三十年代发掘的A区4号房子,宽8米,长近30米。根据遗迹,这房子大致可以复原(图3-3)。小屯及其附近,还有铸铜、制陶、制玉石器、制骨等手工业作坊。当时手工业不仅已经和农业分工,并且已经相当发达,集中于城市内。中心区也有祭殉坑,当为房屋奠基及祭祀鬼神时的牺牲品。占卜是

---

(5) 〔作者注〕关于安阳殷墟的年代问题,参阅陈梦家:《殷墟卜辞综述》,1956年,科学出版社,211页。

〔编者注〕今多采用公元前1300年—前1046年。

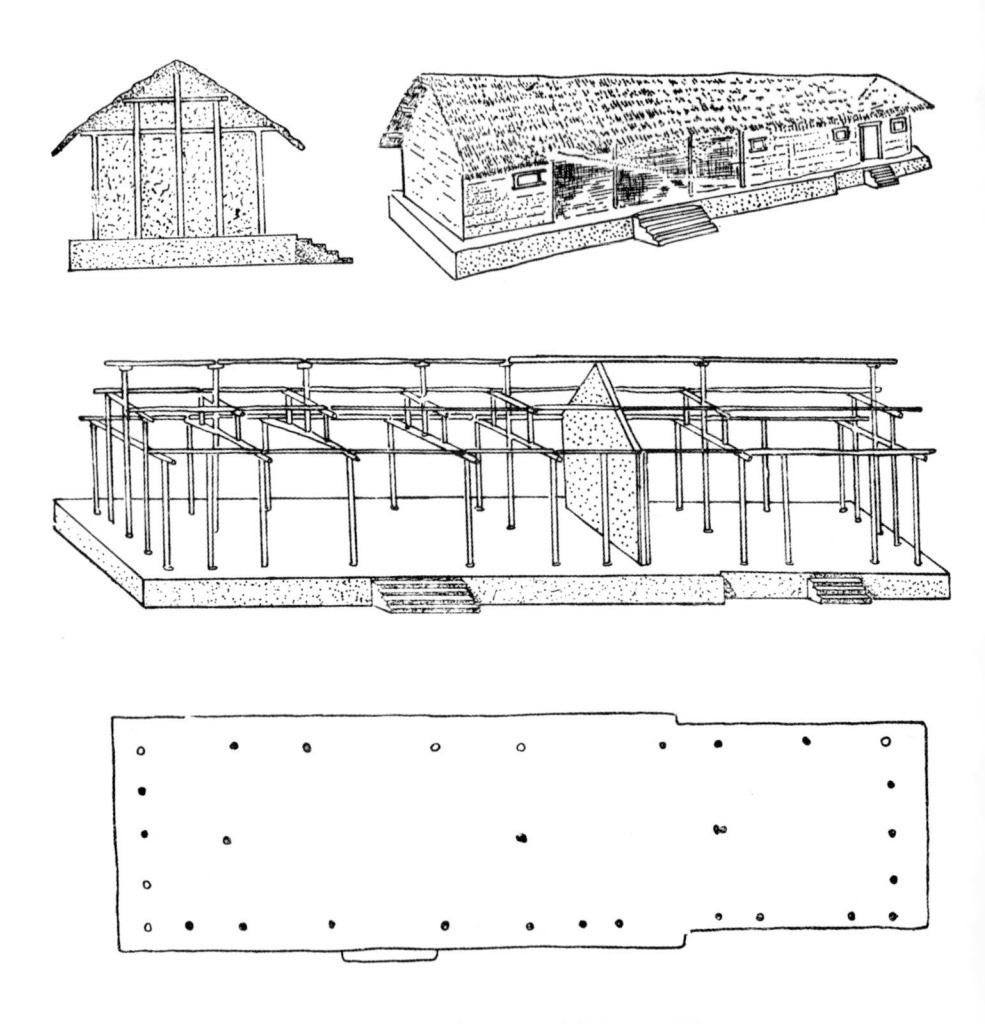

上左：山墙的结构　　上右：复原　　中：间架结构　　下：基址平面

图 3-3　安阳殷墟甲四基址复原设想

一种宗教活动，甲骨片刻辞后贮藏在坑穴中，有点像后世的档案处。在小屯没有发现城墙。工作站曾经有意地作了调查和试掘，仍是没有找到。只是在小屯村西约 200 米的地方，发现南北向的一条殷代灰沟，已探出的部分达 750 米。沟宽 7—21 米、深 5—10 米。发掘者推测它可能是王室周围的防御设施。这还有待于继续探测。如果这个推测将来被证明是正确的，如果这条灰沟向南延伸后转而东行直达洹水，那么，小屯就不需要筑城垣了。它的北边和东边已有天然的洹水河道作为防御之用。

最引人注意的是离小屯约二公里半的西北岗帝王陵墓的墓地。西北岗在洹水北岸的武官村的西北。当时我们的发掘团住在侯家庄，所以叫它为"侯家庄西北岗"，实际上它是在侯家庄的东北。这墓地有亚字形大墓八座，其中最大的 1217 号墓，墓室面积 330 平方米，加上四个墓道，总面积达 1800 平方米。深度在 15 米以上。各墓的墓中和附近埋有殉葬的人，少则数十，多的可达一二百人。殷墟西区近年来发现了一千多座小墓，一般长度只 2—4 米、宽 0.8—1.2 米、深 2—3 米。它们的规模比起大墓来，相差很大。随葬物丰俭则相差更大[5A]。这些可以看出当时社会中阶级和等级的分化程度，和当时的埋葬的习俗（图 3-4）。

（5A）〔作者注〕参阅《1969—1977 年殷墟西区墓葬发掘报告》，《考古学报》1979 年 1 期。

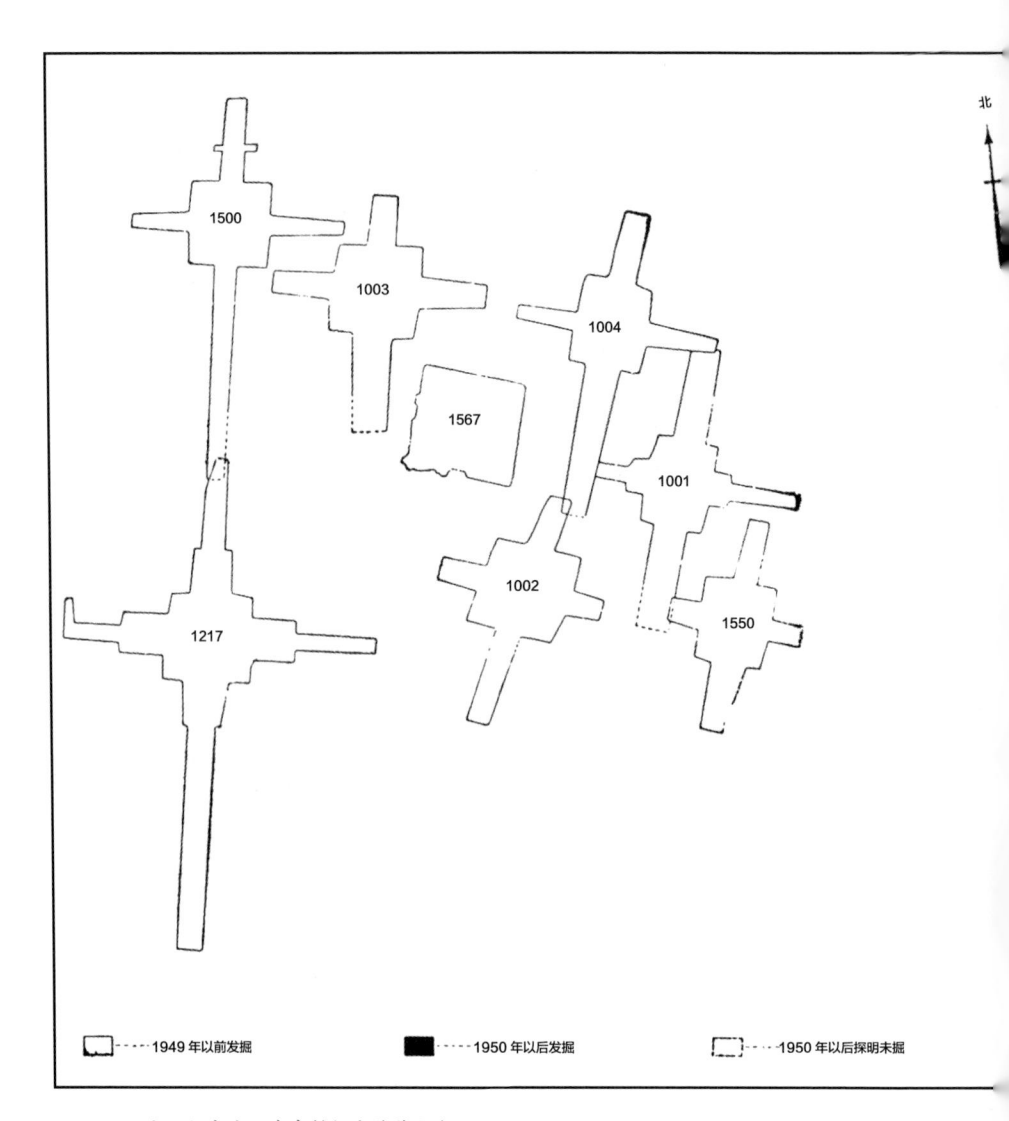

图 3-4 安阳侯家庄、武官村殷代墓葬分布图

第三章 中国文明的起源 217

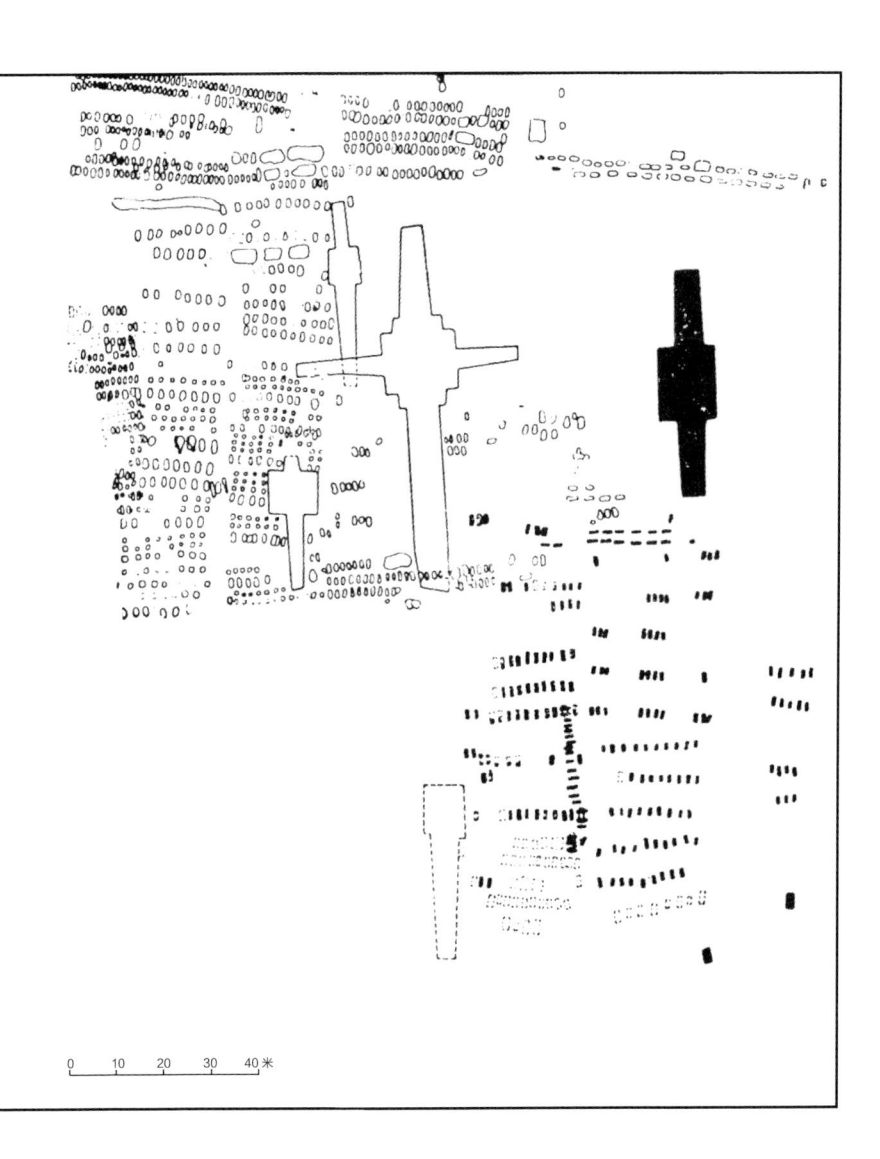

0 10 20 30 40 米

商殷时代的文字制度

一个文明的重要标志之一,便是有了文字制度。商文明的遗物中,在陶器、玉石、甲骨的上面,都曾发现过文字。尤其是刻字甲骨出土最多,已发现的达十六万片以上。1971 年我们在小屯西地发现一堆完整的卜骨,其中有字的十六片(图 3-5),无字的五片;1973 年在小屯南地又发现有字的大小碎片达四千八百余片。商代的文字制度,是用汉代所谓"六书"的方法,以记录语言。**许慎**《说文解字·叙》中说六书是指事、象形、形声、会意、转注、假借。这实际上是指象形、象意(包括象事)和象声,而以象形为基础。象形的字,如画一圆圈以代表太阳,画一个半圆以代表月亮,比较容易明白。象意的字,或用两个或更多的象形字合为一字使人领会意思,像许慎所说的止戈为武,人言为信(会意),或用几个不成字的点划以表示意思,如许慎所举的上、下二字(指事)。象声的字是用同音的象形字以代表无法象形或象意的抽象概念或"虚字"(假借),或于同音的象形字之外,又加一表示含义的象形字(后世称为"部首"),合成一字(形声)。这样使用不同的部首,便可使同音而异义的字区别开来,不致混淆。至于"转注"到底指什么,二千年来各种说法纷纭,我们暂时可以不必去管它。我是学过埃及象形文字(hieragraph)的。古代埃及人的文字制度也不外

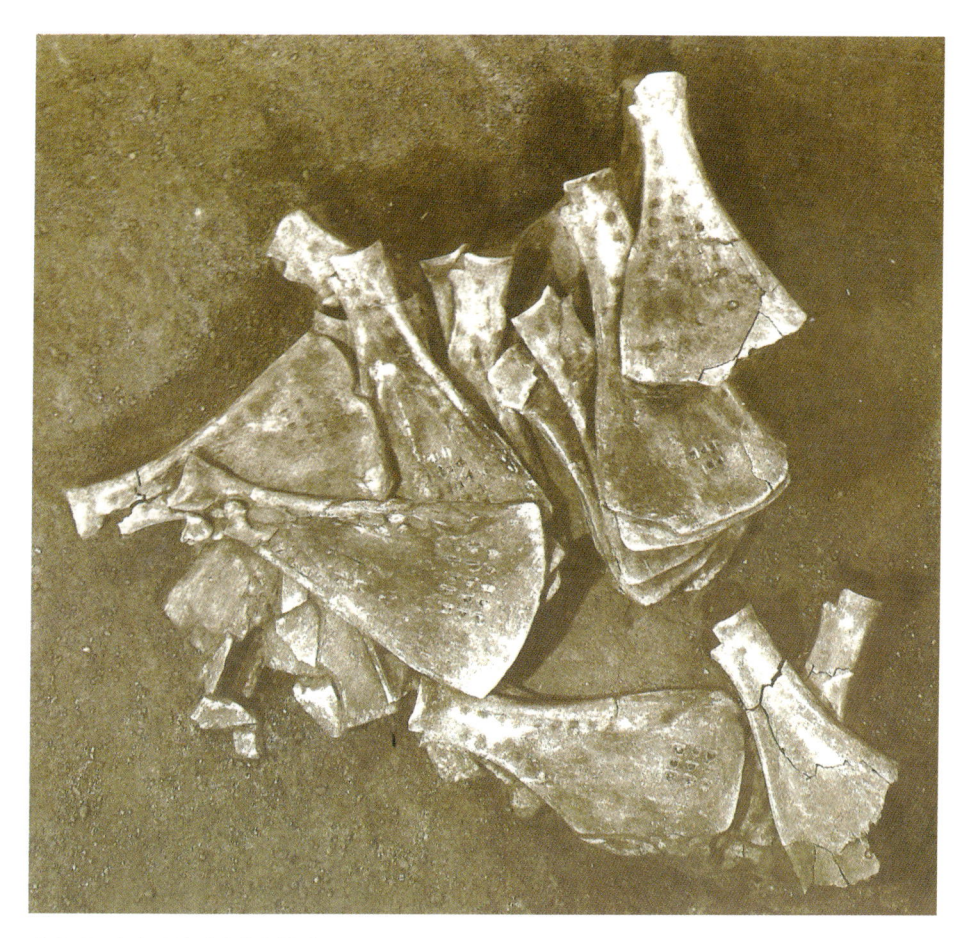

图 3-5 小屯西地甲骨出土情形

于象形、象意、象声而已。它也是以象形为基本，以形声字为最多。古埃及语是多音节语言，所以每字长短不一，不像单音节的汉语，所用以记音的文字是方块字。这和拼音文字完全依靠象声这一方法，很是不同。汉字到今天虽然字体有了变化，字形已改变得不再像原来的物形了。但是它基本上还是沿用商代文字制度。所以甲骨文字只要能改用楷书字体来写，其中大多数仍是可以认识的。不过，甲骨文仍保留一些原始性：例如同一个象形字，写法可以稍有不同。同一形声的字，可以用意义相近的不同的偏旁。假借的字较多，只有一部分加上偏旁成为形声字。这些不统一的现象是象形文字演化过程中不可避免的。但是商代文字已经成熟到足以记录语言，不能再当作只是一些符号而已。甲骨文已能记录史事，包括帝王及臣僚的名字，战争、祭祀和狩猎等的事迹，史事发生的月日和地点。这表示小屯殷墟文化已进入历史时期，不仅只是有文字而已。为了创造文字制度，象声方法的采用是一个突破点，否则所写的仍是符号和图画，不是文字。试想如果我们只用象形和象意（包括象事）的方法，那么，不仅是"之、乎、者、也"等虚字无法表示，便是那些在理论上有可能用象形或象意的方法表达的，实际上也是办不到的。例如甲骨文以一划表示一，一直到用四划表示四；但是十千为万的"万"字，我想谁也不肯写上一万道的笔画来表示它的。这便需要用同音的字来表达。

许慎

东汉人，《后汉书·儒林传》有传。太尉南阁祭酒。曾任洨县之长。以所著《说文解字》十四卷而著称。此书为研究汉字的基本资料。以小篆即中国古代传统的文字为基础，将9353字按部首分为540类，并说明其形和义。每字之下，有时也兼录籀文和古文。

《说文》序中所说的六书乃汉字构造法的六个原则。其大意，在本书中著者已作了说明。其中较为难于解释的为"转注"一类。许书序中说："建类一首，同意相受，考老是也"。解释多家，诸说纷纭，迄今尚无定论。

已经发达的青铜器铸造技术

有人以为青铜器是文明的各种重要因素中最重要的一项。这种说法似乎并不正确。古今中外许多已掌握冶炼青铜甚至于炼铁技术的民族，仍是"野蛮"民族，不算是"文明"民族。但是我们可以说，最能代表商文明高度水平的是它的发达的冶铸青铜的技术。商代青铜器包括礼器（举行仪礼时用的酒器、食器等容器）、乐器（铎、铃）、武器和工具、车马器。其中形状奇伟、花纹瑰丽的礼器，一般认为是上古文明世界中技术方面最突出的成就之一。从前有人以为这一类的青铜器只能使用失蜡法才可铸成。失蜡法是用一种易于塑刻又易于熔化的蜂蜡一类的材料做成模子，刻上花纹，然后涂抹上几层细泥和粗泥，留出灌铜口和出气口，最后用火烧烤厚壁的泥范使蜡熔化流出。使用时把青铜熔液灌进范内的空隙，凝固后打碎泥范，取出成品，再加修整。近三十年来我们在安阳小屯及其附近不断地发现陶范碎片。最近几年我们又做了模拟试验，知道商代铸青铜器是用复合范，不用失蜡法（图3-6、3-7）。这和西方各文明（包括印度河文明）很早便采用失蜡法，似乎代表不同的传统。中国最早用失蜡法的实物是属于春秋时代，例如近年发现的河南淅川下寺楚墓的铜禁（放置酒器的小方桌）和随县曾侯乙墓的尊和盘。安阳妇好墓出土的四百多件

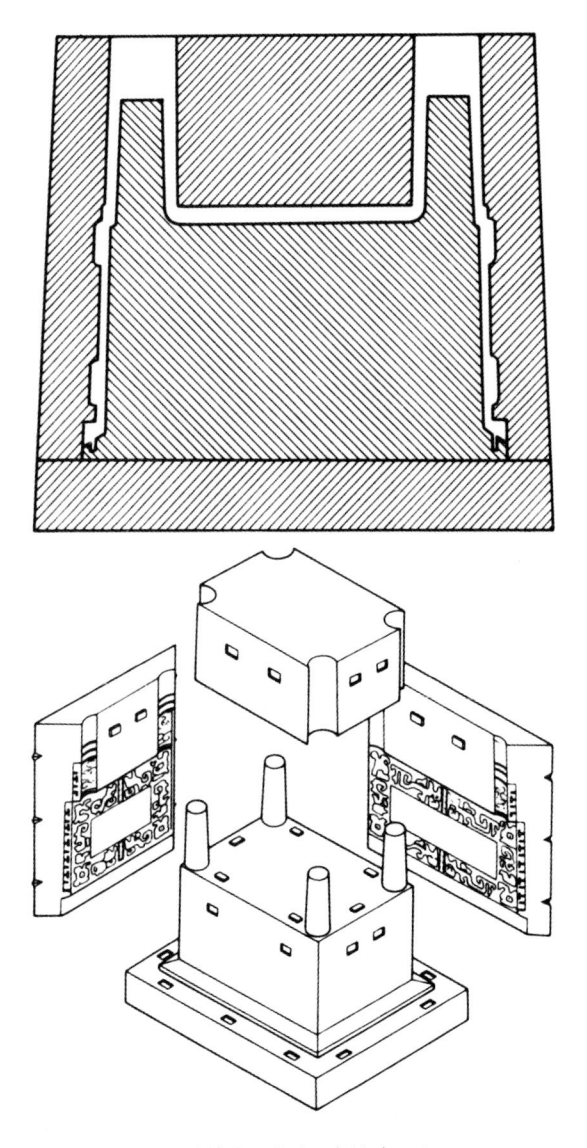

图 3-6 司母戊鼎的铸造及外模与内模的配置

图 3-7 爵外范

铜容器，其中许多是器形整齐、花纹清晰的佳品，有的器形奇伟，如鸮尊（图 3-8），有的还是前所未见的，如三联甗和偶方彝（图 3-9、3-10）。至于那件通高达 80 余厘米、重达百余公斤的方鼎（图 3-11）则以凝重庄严见胜。在湖北崇阳，还发现一件商代铜鼓（图 3-12）。冶铸青铜技术的发明和广泛采用是有其重要的意义的。首先，青铜的原料铜和锡不像石器时代那些制造石器的石料，并不是到处都有，可以就地取材。其次铜和锡都是矿物，其中自然铜的产地很稀少，一般铜矿和锡矿都要经过提炼才能提出金属的铜和锡。这不像石料那样可以利用天然物如砾石、页岩、板岩等，不必经过化学方法来提炼。金属提炼出来后，还需要翻铸，才能铸造出可用的青铜器来。这些是意味着要有一批掌握冶金技术的熟练工匠，又要一定的贸易活动和保证交通路线的畅通，才能解决原料和产品的运输问题。这又需要社会组织和政府组织上一

图 3-8 妇好鸮尊

图 3-9　妇好三连甗

图 3-10　妇好偶方彝

图 3-11　司母辛方鼎

图 3-12 湖北崇阳铜鼓

图 3-13　藁城铁刃铜钺

定的改革，以适应新的经济情况，包括生产力的发展。

关于金属冶炼方面，又有一个商代用铁的问题。最近十多年来，在河北省藁城和北京市平谷县刘家河都曾发现过铁刃铜柄钺一件（图 3-13）。年代可能比安阳殷墟文化第一期早，或可早到郑州二里岗上层文化。但是经过分析，这二件都是由陨铁锻造而成，所以并不能作为殷代已能冶炼铁的证据。现已发现的中国最早用冶炼的铁制成的器物，是在春秋晚期（公元前 5、6 世纪之交）。

殷墟文化独有的特点

除了上述三个文明的普遍性特点以外，殷墟文化还有它的一些自己独有特点。但是这些不能作为一般文明的必须具备的标志。殷代玉石的雕刻，尤其是玉器，便是这些特点之一。别的古代文明中，除了中美洲文明之外，都没有玉器，但是它们仍够得上称为文明。妇好墓中出土玉石器七百五十余件，其中绝大多数是玉器（图 3-14、3-15、3-16、3-17、3-18）。这是迄今发掘出来的数量最大的一批玉器，而且品种众多，雕刻也很精美，有许多实在超过了从前的传世品和发掘品。它们在制作技术上，已有熟练的操作水平，而造型和花纹方面，许多都是头等的美术品。这些花纹和殷墟铜器的花纹，有很多的共同点，都是殷墟艺术的重要的表现。殷墟又出土了许多骨雕和象牙雕刻，它们的花纹也是和殷墟铜器上的相类似。妇好墓出土的一对镶嵌绿松石的象牙杯（图 3-19），便是这一类中的特出的精品，是前所未见的。

使用马驾的车子，是殷墟文明的另一个特点。但是这也不能算是一切文明都必具的标志，中美洲文明和秘鲁文明中，在欧洲人于 15 世纪末侵入新大陆以前，始终没有马匹，也没有车子，当然没有驾马的车子。埃及的马车是希克索人于公元前 17 世纪左右由亚洲入侵时引进的。这时离尼罗河文明的开始已是一千多年了。

图 3-14 玉龙（妇好墓出土，以下均同）

图 3-15 玉人

图 3-16 玉簋

图 3-17 玉象

图 3-18 玉凤

三十年代在安阳曾发现过几座殷墟文化时期的车马坑。1947年安阳发掘的老将石璋如先生说:"〔车子的〕木质均已腐朽,仅余不相连续的铜饰。各种装饰品的部位,也非绝对正确。所以精确的结构如何很难复原。"(6) 1935年我在安阳工作时也曾亲手发掘过

---

(6)〔作者注〕见《中国考古学报》,第2册,1947年,17页。参阅(6A)。

一座车马坑，颇有同感。但是1950年在辉县琉璃阁发掘到战国时代的一座大型车马坑。我亲自动手和熟练发掘工人一起探索，终于搞清楚了车子的木质结构，复原了车子的原状（图3-20）。后来在安阳又发掘过8—9座车马坑。发掘是采用辉县车马坑的发掘方法，大多数都可以大致复原[6A]（图3-21、3-22、3-23）。

殷墟文明的另一特点是制陶业的发展。这主要表现在灰陶占绝对优势（占所采集的陶片的90%），它替代红、褐、黑陶而成为主要陶系。这发展的另一表现是刻纹白陶的出现和原始瓷（Proto-

图3-19 妇好墓象牙杯

图3-20 辉县琉璃阁战国车马坑

(6A)〔作者补注〕杨宝成：《殷代车子的发现与复原》，《考古》1984年6期，546—555页。

图 3-21　孝民屯之车马坑一　　　　图 3-22　孝民屯之车马坑二

图 3-23　安阳郭家庄殷代车马坑

porcelain，即加釉硬陶）的烧造。最后一项当为南方长江下游地区的发明，然后传到安阳来而成为小屯陶器群的一个组成部分。浅灰色的细泥灰陶，颜色均匀，表示陶工控制陶窑中还原气氛的技术更加完善。原始瓷后来在长江下游地区逐渐改善，终于在汉末出现了瓷器，成为中国文明的特点之一。

总之，现下我们可以确定商代殷墟文化实在是一个灿烂的文明，具有都市、文字和青铜器三个要素，并且它又是一个灿烂的中国文明。中国文明有它的个性、特殊风格和特征。在上述三个要素方面，它都自具有中国色彩的特殊性。在其他方面，例如玉石雕刻、驾马的车子、刻纹白陶和原始瓷、甲骨占卜也自有特色。殷墟的艺术也自成一风格。中国文明各时代都有变化，每时代各具有一定的特点，但仍维持中国文明的共同的特点。

解放以前，有人认为殷墟文化便是中国文明的开始。也有人推测在这以前中国文明还有一个更古的、更原始的阶段；但是，由于没有证据，这只好作为一种推测而已。解放后三十多年的考古发掘工作，使我们对于中国文明的起源问题的研究，可以从殷墟文化向上追溯。第一步是追溯到郑州二里岗文化。

郑州二里岗文化

郑州二里岗遗址是 1951 年发现的。当时我们考古所的河南省调查发掘团到了郑州。当地一位对历史和考古有兴趣的小学教师韩维周，在二里岗一带采集了一些陶片、石器和卜骨，他把它当作新石器时代遗址。他把采集到的标本给我们看，并且引我们去观察一些已露出的文化层。我们认为这不是新石器时代的。它的遗物近于安阳殷墟的，很可注意。1952 年第一届考古工作人员训练班便拿这个遗址作为实习地点，证实了二里岗文化的重要性。它是早于安阳小屯的商殷文化。后来河南省的考古队同志为了配合基建，在这里做了多年的考古工作，现已基本上搞清楚二里岗文化的大致面貌。

二里岗文化的时代，根据层位关系，可以确定为早于小屯殷墟文化。至于绝对年代，根据几个碳-14 测定年代，是约公元前 1600 年—前 1500 年（年轮校正过），误差约为百五十年。这便是说，它的年代有 68% 的可能是在公元前 1750 年—前 1350 年的范围以内。相对年代要较小屯殷墟文化为早。它的分布地区，以郑州二里岗为中心，根据已知道的材料，北达河北藁城，南抵湖北黄陂，西到陕西华县，东至山东益都，近年来都发现过二里岗文化的遗迹。

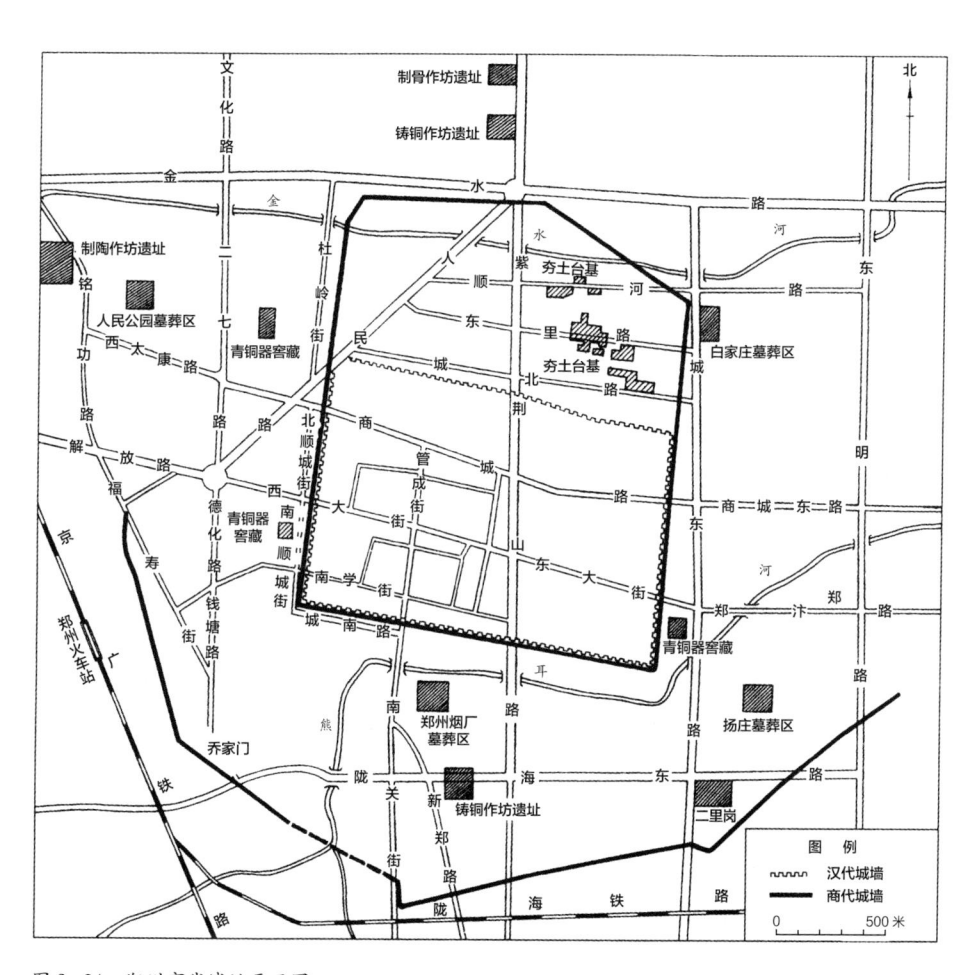

图 3-24　郑州商代城址平面图

图 3-25 郑州杜岭街方鼎

我们就上述的文明的三个主要标志而言，二里岗文化都已具备了。它在郑州的商城，有夯土城垣。城的周长 7 公里，城内总面积约 25 平方公里，城内东北部发现有大片夯土台基，当为宫殿遗迹。城外近郊有几处手工业作坊遗址，包括铸铜、制骨、烧陶等手工业（图 3-24）。黄陂盘龙城也有夯土城墙，周长虽只 1.1 公里，但城内也有保存较好的宫殿遗址。其次，二里岗文化已有文字制度。这里曾发现过三件有字的骨。其中二件各只有一字。其余一件有 10 个字，似为练习刻字而刻的，是在翻动的地面上找到的。二里岗文化的陶器和陶片上也有划刻记号的，但是那不是文字，只是符号。古今有文字制度的各民族常有在器物（包器陶器）上面用符号为记。当然他们也可以在陶器上刻画文字。但是我们就《郑州二里岗》这本报告中所发表的资料而言，这批陶片上刻画的似乎都是符号，不是文字。再其次，关于铸造青铜器，二里岗文化已有单范或双合范的武器和工具，还有复合范的容器，其中有郑州杜岭街出土的二件大型方鼎（图 3-25）。除了上述三点以外，器物方面，它的陶器自成一组，但是可以与小屯殷墟的，排入一个系列。青铜器也是这样。花纹方面，铜器、陶器和玉器上的花纹，显然是商代艺术的风格，但较为简单。占卜等宗教活动，带有中国特点，所以二里岗文化够得上称为文明，是属于中国文明中的商文明。

偃师二里头文化

我们还可以从二里岗文化向上追溯到偃师二里头文化。二里头遗址在河南偃师县西南9公里处。这是1957年发现的。1959年夏天我们考古研究所徐旭生老先生,作河南省西部"夏代废墟"的调查时,到这里进行考察,指出这里可能是商汤的都城西亳。这年秋季起,考古所派遣发掘队前往工作(图3-26、3-27、3-28)。这二十多年做了十几次的发掘,到现在仍未停,不过现下正将一部分力量放在编写正式报告上。这项工作,在考古学方面取得了很大的收获。

二里头文化现已可确定比郑州二里岗文化更早。根据层位关系,我们已搞清楚:它是压在河南龙山文化层之上,而又被二里岗文化所压住。它的绝对年代根据碳-14测定年代,其范围约相当于公元前1900年—前1500年。它可分早(1—2期)、晚(3—4期)两期。它的分布范围,据已知的材料,集中于河南省西部和山西省西南部。它西达陕西华县,北达山西襄汾地区,但是南面和东面,似乎都没有超越今日的河南省境。

二里头文化,至少它的晚期,是已达到了文明的阶段。第一,在二里头遗址本身,便发现过二里头文化晚期的宫殿遗迹。已发掘出来的一座,它的台基近正方形,每边各约百米,总面积达

图 3-26 石璋（二里头遗物）

图 3-27 石戈（二里头遗物）

图 3-28 石钺（二里头遗物）

1万平方米左右。宫殿的基座，略高出于台基，呈长方形，东西长 36、南北宽 25 米（图 1-24、1-25）。建筑物的规模是面阔八间，进深三间。四周有挑檐柱，屋顶可能是四坡出檐式（图 1-26）。宫殿区以外，还有制陶、铸铜等手工业作坊。第二，它似

图 3-29 乳钉纹爵
（二里头遗物）

乎已有文字制度。发掘物中有刻画记号的陶片，都属于晚期。记号已发现的共有 24 种，有的类似殷墟甲骨文字，但是都是单个孤立，用意不清楚。这还有待于进一步的探讨。第三，冶铸青铜器，这里不仅有工具和武器，并且也有爵杯这种小件容器（图 3-29）。此外，陶器具有一套有一定特色的陶器群。其中如觚、爵、盉等专用酒器也在墓中开始普遍出现。玉器中有的器形和花纹，已是殷墟玉器的祖型。总之，二里头文化同较晚的文化相比较，是直接与二里岗文化，间接与小屯殷代文化，都有前后承继的关系。所以，我们认为至少它的晚期是够得上称为文明，而又有中国文明的一些特征。它如果不是中国文明的开始，也是接近于开始点了。比二里头更早的各文化，似乎都是属于中国的史前时期。最近发现的甘肃马家窑文化，马厂文化和山东龙山文化的小件青铜器，如小刀和锥，如果被证实，也只能说它是青铜冶炼的开始，与二里头青铜容器的铸造水平是不能比较的。

至于二里头文化与中国历史上的夏朝和商朝的关系，我们可以说，二里头文化的晚期是相当于历史传说中的夏末商初。但是夏朝属于传说中的一个比商朝为早的朝代。这是属于历史（狭义）的范畴。在考古学的范畴内，我们还没有发现确切证据把这里的遗迹遗物和传说中的夏朝、夏民族或夏文化连接起来。我们知道，中国姓夏的人相传都是夏朝皇族的子孙。我虽然姓夏，也很关心夏文化问题，但是作为一个保守的考古工作者，我认为夏文化的探索，仍是一个尚未解决的问题(6B)。

（6B）[作者补注] 关于夏王朝探索问题，《文物》1983 年 3 期上发表了河南省登封县王城岗（或谓望城岗）遗址调查简报。曾引起中日两国报界与新闻杂志界的关注和热烈的讨论。那是一处河南龙山文化晚期的居住遗址。遗址周围有纵横各不到 100 米的轻夯过的填土的沟，将遗址围绕起来。沟深 2 米多。发掘者认为：此沟当为城墙的基槽，此城当为夏都阳城。1983 年 5 月间，中国考古学会第四次年会在郑州开会之际，我们参观了王城岗的发掘现场。通过参加大会者的讨论，多数人认为这个问题暂缓下结论为宜。关于夏王朝的时代及夏文化的确定这一重要课题，要有待于今后更多、更明确的新的证据的发现和深入的研究。

[又补记] 1983 年发现和试掘的偃师尸乡沟商城，有夯土城墙和宫殿遗址，可能是汤都西亳。见本书第一章注（18A）。

[本书增注] 河南省文物研究所、中国历史博物馆考古部：《登封王城与阳城》，文物出版社，1992 年。后来该遗址又有新的发掘，并有重要发现。

文明的起源与新石器文化

有人以为"文明"这一名称,也可以用低标准来衡量,把文明的起源放在新石器时代中。不管怎样,文明是由"野蛮"的新石器时代的人创造出来的,现今考古学文献中,多使用"新石器革命"(Neolithic Revolution)一名词来指人类发明农业和畜牧业而控制了食物的生产这一过程。经过了这个"革命",人类不再像旧石器或中石器时代的人那样,以渔猎采集经济为主,靠天吃饭。这是人类经济生活中一次大的跃进,而为后来的文明的诞生创造了条件。

中国新石器时代遗址,这三十多年新发现而已发表的,有七千余处,经正式发掘的也在百处以上。这些遗址,散布在全国。由于碳-14 测定年代法的采用,使不同地区的各种新石器文化有了时间关系的框架,使中国新石器时代考古学有了确切年代序列而进入了一个新时代。

最引人注意的是七十年代后半所发现的早期新石器文化,即中原地区的磁山·裴李岗文化,年代约在公元前 6000 年—前 5700 年(校正过,以下同)。当时人民主要农作物是粟类,已知驯养猪、狗,住宅是半地穴式,屋旁还有储粮的窖穴。陶器较为原始,都是手制的,陶质粗糙,火候不高。石器有带齿石镰、磨盘

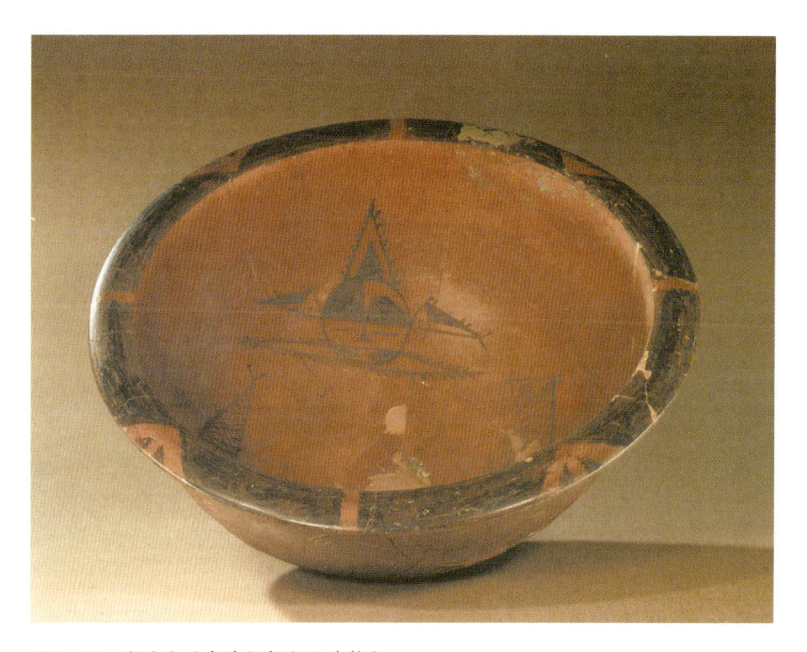

图 3-30　彩陶盆（半坡仰韶文化遗物）

和磨棒。这种文化还有它的渊源。如能找到更早的新石器文化，或可解决中国农业、畜牧业和制陶业的起源问题（图 1-4、1-5、1-6、1-8）。

五十年代发现和发掘的半坡遗址，现今成为仰韶文化早期的代表。现已建立现场博物馆。它以精美的彩陶闻名于世（图 3-30）。但是我们现在把它作为一座当时村落遗址来研究，想搞清楚他们的住宅的结构和布局，手工业、墓葬制度和墓地的位置，生产工具和经济生活、社会组织等各方面。半坡文化年代约为公元前 5000 年—前 4500 年。彩陶的美术图案，反映了当时的审

图 3-31　第 895 号墓（青海乐都柳湾墓地）

美观念。彩陶在中原地区后来到了龙山文化时期便衰退了。但是在黄河上游的甘肃、青海地区，反而更为发展了。那里的马家窑文化（图 1-9、1-11、1-12）和半山 - 马厂文化，都有图案华丽的彩陶。年代则前者为约公元前 3000 年，后者为公元前 2500 年—前 2000 年。1974—1980 年，我们在青海乐都柳湾墓地发掘一千七百余座以半山 - 马厂文化为主的墓葬，随葬陶器达一万余件，其中彩陶壶、罐便有七八千件（图 3-31）。现以 564 号墓为例，出土陶器便达 91 件之多，彩陶占 81 件，其中有 73 件为彩陶壶（图 1-13）。

　　长江流域最近有许多重要发现，其中最重要的是浙江余姚河姆渡文化的发现。它的年代与北方黄河流域的仰韶文化早期（半坡）同时，或许开始稍早。当时这一带气候比较温暖潮湿，居住点的周围环境是分布有大小湖沼的草原灌木地带。河姆渡文化的房子是木结构。主要农作物是水稻。这是中日两国人民的主要粮食（水稻）的最早的实物标本，年代在公元前五千年左右。家畜有狗、猪，可能还有水牛。石器有斧和锛。还发现有木质和角质的柄以及骨耜等。因为这里的文化层已在潜水面以下，所以像日本弥生时代的登吕遗址一样，有许多木器如船桨、耜、碗、筒等保存下来。陶器制作比较原始，都是手制的。胎壁粗厚，造型不整齐。表面多平素，但是也有刻划花纹的（图 1-15、1-16）。从前我们认为良渚文化（约公元前 3300 年—前 2300 年）是我们所知道的长江下游最早的新石器文化,并且认为良渚文化是龙山文化向南传播后的较晚的一个变种。实则这里是中国早期文化发展的另一个文化中心,有它自己独立发展的过程。此外,庙底沟二期文化的发现,证实了仰韶到河南龙山文化的过渡期的存在,纠正了前人以为二者曾同时存在、东西对立的看法。

山东地区的新石器文化,从前我们只知道有龙山文化,以光亮的黑陶著名,解放后于1959年发现了大汶口墓地,以另具一种风格的彩陶而著名。这种大汶口文化后来被证明较龙山文化为早,而分布范围大致相同。六十年代至七十年代,我们又发掘滕县北辛庄和平度县东岳石。前者比大汶口文化更早,碳-14年代约公元前5300年—前4300年。后者却填补了山东龙山文化和商文化之间的空隙,现称为岳石文化,年代约为公元前1900年—前1500年。岳石文化中已出现青铜小件器物,陶器上印压有云雷纹和变体夔纹。这样看起来,山东地区史前文化的发展自有演化的序列(图3-32),与中原地区的和长江下游地区的,各不相同。黄河中下游是有东、西相对的两个文化圈,不过与仰韶文化相对的是大汶口文化,而不是山东龙山文化。

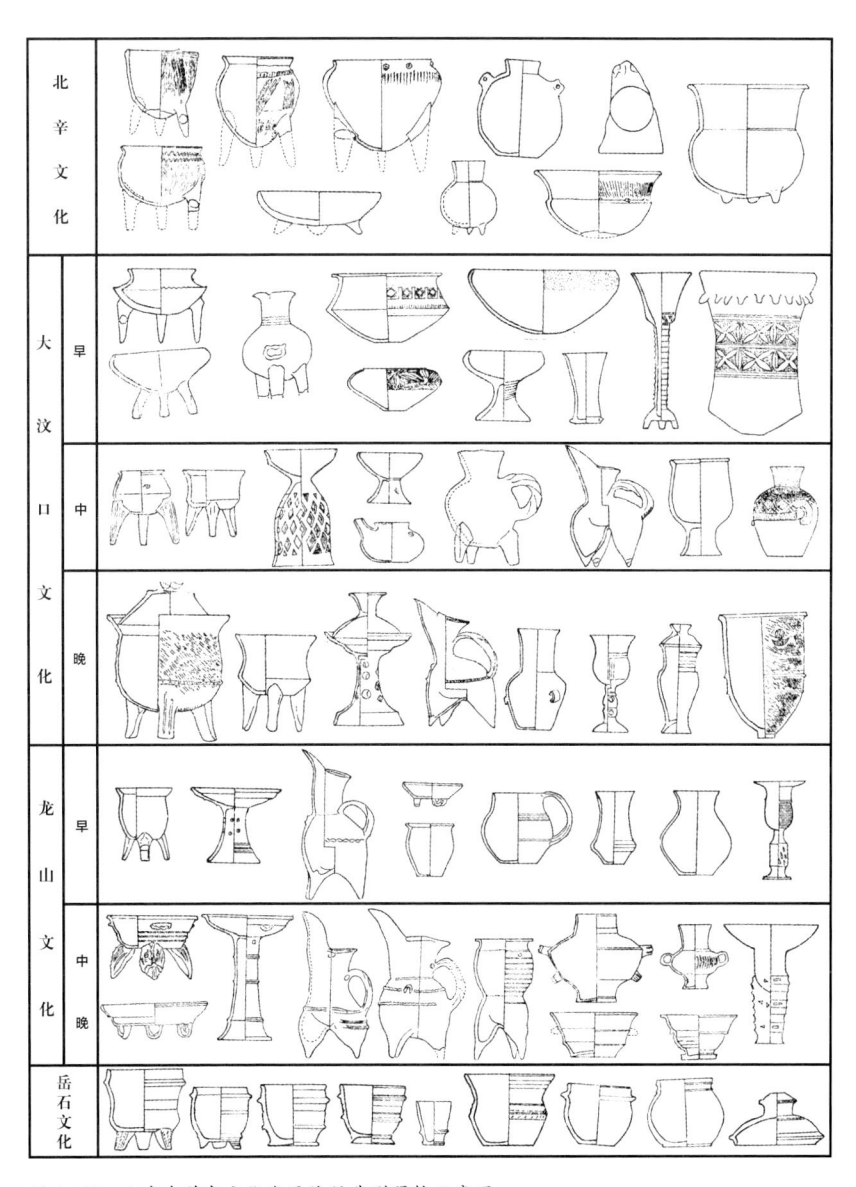

图 3-32　山东史前各文化发展阶段典型器物示意图

中国文明是否系
独立地发展起来的

上面所说的以外,在其他地区还有别的新石器文化,例如湖北省的**屈家岭文化**等[7],今天不谈了。关于各个文化中类型划分、早晚分期以及各个文化之间的互相影响等问题,今天也不谈了。我只谈那些与中国文明起源问题关系最密切的史前文化。这主要是上述三个地区中的晚期新石器文化。偃师二里头文化就其文化内容和所在地点而言,显然是从晚期河南龙山文化发展过来的。但可能又吸收了其他地区一些文化中某些元素,例如山东晚期龙山文化(陶器某些类型、铜器),晚期大汶口文化(陶器上刻划符号,可能还有铜器),江浙地区的良渚文化(玉璧、玉琮等玉器),西北地区的"甘肃仰韶文化"(陶器上刻划符号,铜器)等。我以为中国文明的产生,主要是由于自身的发展,但这并不排斥在发展过程中有时可能加上一些外来的影响。这些外来的影响不

---

(7) 〔作者补注〕参阅中国科学院考古研究所:《京山屈家岭》,科学出版社,1965年;《新中国的考古发现和研究》,文物出版社,1984年,130—135页。

限于今天的中国境内各地区，还可能有来自国外的。但是根据上面所讲的，我们根据考古学上的证据，中国虽然并不是完全同外界隔离，但是中国文明还是在中国土地上土生土长的。中国文明有它的个性，它的特殊风格和特征。中国新石器时代主要文化中已具有一些带中国特色的文化因素。中国文明的形成过程是在这些因素的基础上发展的。但是文明的诞生是一种质变，一种飞跃。所以有人称它为在"新石器革命"之后的"都市革命"（Urban Revolution）。当然，中国文明的起源问题还有许多地方仍不清楚，有待于进一层的探讨。

屈家岭文化

集中地分布于湖北省江汉平原的一种地方性的新石器文化。以京山县屈家岭遗址为代表。还有京山县朱家嘴、天门县石家河、郧县青龙泉、房县七里河等遗址。已经耕种水稻并饲养猪、狗等家畜。

这一文化分为三期。早期以黑陶为主，在薄胎的黑陶上施以朱色彩绘，等等。陶器中有罐形的鼎和高脚的豆。

中期以灰陶为主，黑陶次之，也有薄胎的彩陶。石器有柱状石斧、石锛，为数很多；也发现有有孔石铲、有段石斧、石刀、石镰，等等。房子是建在红烧土的土台上的，也是很有特色的。

晚期，则出现了鬻、盉等陶器。

屈家岭文化较仰韶文化为晚，而较龙山文化为早。它既具有浓厚的地方特色，同时也承受了仰韶文化的影响。

中国考古、发掘简略年表

1949 年	10 月	中华人民共和国中央人民政府成立。在政务院设文化部，下设文物局，负责管理全国文物、博物馆、图书馆事业。郑振铎任局长。
1950 年	1 月	《文物参考资料》创刊（1959 年改称《文物》）。
	5 月	中国科学院考古研究所筹备成立（8 月 1 日成立）。郑振铎兼任所长，梁思永、夏鼐为副所长。
	10 月	中国科学院考古研究所成立后，派出第一次发掘工作团，夏鼐任团长，在河南辉县琉璃阁等地进行考古发掘。发掘收获编辑成《辉县发掘报告》一书（1956 年出版）。
1951 年	4 月	敦煌文物研究所（1951 年成立）在北京历史博物馆举办"敦煌文物展览"。
	10 月	中国科学院考古研究所派出发掘团赴长沙发掘战国两汉墓葬，夏鼐任团长，1952 年春结束。发掘收获编辑成《长沙发掘报告》一书（1957 年出版）。
	12 月	《中国考古学报》复刊（1936 年创刊，第一册取名《田野考古报告》，1953 年第六册起又改称《考古学报》）。江苏省淮安县青莲岗发现一处新石器时代遗址。甘肃省永靖县发现炳灵寺石窟。
1952 年	8 月	第一届考古工作人员训练班开办（中国科学院考古研究所、文化部文物局和北京大学联合举办）。在洛阳东郊、郑州二里岗进行调查发掘。在郑州发现了殷代早期文化遗址。
	10 月	北京大学历史系设置考古专业，培养考古工作的专门人才。
1953 年	8 月	第二届考古工作人员训练班开学。
1954 年	4 月	中国科学院考古研究所、北京大学、文化部文物局和洛阳地区文物部门共同组织工作队，配合洛阳地区基本建设。在洛阳西郊进行有计划的勘察工作，发现了汉河南县城。同时，还对洛阳东郊的汉魏故城进行了调查。

	5月	文化部主办"全国基本建设工程中出土文物展览",在故宫午门城楼展出。
	7月	第三届考古工作人员训练班开学。
	9月	西安半坡新石器时代遗址开始发掘。
1955年	1月	《考古通讯》创刊(1959年后改称《考古》)。
	2月	考古研究所发掘陕西省长安县沣河西岸的客省庄遗址。发现了文化面貌相当于龙山文化的"客省庄第二期文化"。
	3月	云南晋宁石寨山发掘一批西汉时期滇族王室贵族的墓葬。
	7月	第四届考古工作人员训练班开学(此后未再续办)。
	10月	中国科学院、文化部联合组成黄河水库考古工作队,夏鼐任队长。工作队分赴三门峡水库范围进行普查。
1956年	3月	倡议建立半坡博物馆。
	5月	"五省出土重要文物展览"在故宫博物院展出。北京昌平附近明万历皇帝的陵墓——定陵发掘开始。
	9月	发掘河南三门峡庙底沟遗址。
	秋	开始勘察发掘汉长安城遗址。
1957年	3月	西安唐长安城遗址勘察工作开始。
	4月	应中国科学院院长郭沫若的邀请,由原田淑人率领的日本考古代表团来我国访问。
1958年	4月	西安半坡博物馆正式开放。
	10月	"黄河水库考古展览"在故宫博物院正式开幕。
	12月	发掘河南省巩县铁生沟的冶铁遗址。陕西省文管会勘查唐高宗和武则天的乾陵。
1959年	3月	浙江嘉兴县马家浜发现一处新石器时代遗址。
	6月	山东省泰安县大汶口发掘一处新石器时代遗址。
	10月	中国历史博物馆新馆落成。新疆维吾尔自治区尼雅河地区遗址中,发现汉代的丝绸、织锦等。
	12月	中国猿人第一个头盖骨发现三十周年纪念会在北京召开。
1960年	4月	赤峰夏家店遗址发现包括时代和文化性质不同的二种青铜器文化,分别被定名为夏家店下层文化和夏家店上层文化。
	8月	发掘乾陵陪葬墓永泰公主墓,发现有精美的壁画和三彩陶俑。
	10月	河南偃师二里头遗址勘探中发现大片夯土建筑遗存。
	11月	上海青浦县崧泽遗址第一次试掘。

中国考古、发掘简略年表　　255

1961 年	12 月	《新中国的考古收获》出版。
1962 年	2 月	陕西省文管会对临潼县秦始皇陵进行了调查。
	12 月	隋唐长安城基本勘察清楚，勘探工作告一段落。
1963 年	7 月	陕西蓝田陈家窝村发现"蓝田人"下颌骨化石。
	9 月	朝鲜历史考古代表团访问我国。
		敦煌莫高窟进行加固工程。
1964 年	3 月	中国考古学会筹备委员会成立，郭沫若同志任主任委员（1979 年 4 月学会正式成立）。
	5 月	山东省博物馆勘察两周时期齐国都城临淄城址。
1965 年	1 月	南京人台山（象山）发掘东晋王氏墓群中的王兴之夫妇墓（至 1970 年止陆续又发掘五墓，共出土墓志四方）。
	9 月	"中国古陶瓷和西安碑林拓本展览"在日本东京开幕。
	10 月	湖北省博物馆在江陵望山发掘三座大型楚墓，出土越王勾践剑等大批重要文物。
	11 月	山西侯马晋国都城遗址发现一千余件朱书盟书。
1966 年	春	周口店北京人遗址发现一头盖骨断片，与 1934 年发现的第五号北京人头盖骨断片，同属一个个体。
1968 年	6 月	中国科学院考古研究所、河北省文物工作队，配合基建工程，在河北省满城发掘西汉中山靖王刘胜夫妇墓。
1969 年	10 月	甘肃武威县雷台发现铜奔马等大批东汉铜器。
1970 年	10 月	西安南郊何家村发现两瓮唐代金银器、药材等重要文物一千多件。
1971 年	1 月	隋唐东都洛阳宫城含嘉仓遗址（1969 年 12 月发现）进行钻探发掘，发现粮窖二百五十九个。
	7 月	"无产阶级文化大革命期间出土文物展览"在故宫博物院开幕。
		陕西省文管会发掘唐章怀太子和懿德太子墓，发现精美的壁画和三彩俑。
1972 年	1 月	《考古学报》《文物》《考古》等三个杂志复刊（1966 年停刊）。
	4 月	山东临沂发掘二座西汉武帝时期的墓葬，出土《孙子兵法》《孙膑兵法》等竹简四千九百余枚。
	5 月	湖南省博物馆发掘长沙马王堆西汉墓（一号墓），发现保存完好的女尸。

	秋	甘肃省博物馆在额济纳河流域居延地区，开始进行考古调查发掘工作，先后发现汉代木简二万多枚。
	8月	内蒙古和林格尔发掘一座东汉壁画墓。壁画内容丰富，并有大量墨书题记。
		越南考古学代表团来我国访问。
	9月	夏鼐、王仲殊去阿尔巴尼亚参加第一次伊利里亚人研究会议。
	11月	北京琉璃河发掘一处商周时期遗址及墓葬，出土铜器中有"匽侯"铭文，经勘探发现附近有古代城址一座。
1973年	4月	夏鼐、王仲殊率领的中国考古小组访问秘鲁、墨西哥。
	5月	"中华人民共和国出土文物展览"（以下简称"中国文物展览"）在法国巴黎开幕。以王冶秋为团长的代表团参加了开幕式。
	6月	"中国文物展览"在日本东京开幕。日本首相田中角荣出席了开幕式。
	9月	周总理陪同法国总统蓬皮杜参观大同云冈石窟。
		"中国文物展览"在英国伦敦开幕。英国首相希思出席开幕式并讲话。
		吉林大学等七所高等学校历史系设置考古专业或考古专门化。
	11月	发掘马王堆二、三号汉墓，发现大量帛书。
		浙江省文管会、博物馆开始对河姆渡遗址进行第一次发掘。
		美国考古代表团来访我国。
	12月	中国科学院考古研究所在安阳殷墟小屯村南发掘卜甲、卜骨七千多片，其中有刻辞的四千八百多片，这是解放以来发现有字甲骨最多的一次。
		"中国文物展览"在罗马尼亚布加勒斯特开幕。
1974年	2月	"中国文物展览"在奥地利维也纳开幕。奥总统弗约纳斯主持开幕式。
	3月	陕西省临潼县秦始皇陵东侧五里处发现秦代大型陶俑坑。
	4月	福建泉州湾后渚港发现一艘南宋末年远洋货船，船上有出产于南洋诸国的香料木和胡椒等。
	5月	"中国文物展览"在瑞典斯德哥尔摩开幕。瑞典国王卡尔十六世·古斯塔夫出席并讲话。
	6月	秘鲁考古学者代表团来我国访问。
	7月	"中国文物展览"在墨西哥墨西哥城开幕。墨西哥总统路易斯·埃切维里亚主持开幕式。
	8月	"中国文物展览"在加拿大多伦多开幕，以刘仰峤为团长的代表团参加了开幕式。

	9月	墨西哥考古代表团来我国访问。
	11月	河北省文管处在平山县调查和发掘战国时期中山国古城址和墓葬。
		朝鲜文物保护考察团来我国访问。
	12月	"中国文物展览"在荷兰阿姆斯特丹开幕。
		广州发现秦汉时期造船工场遗址。
1975年	2月	"中国文物展览"在比利时布鲁塞尔开幕。
	3月	湖北省博物馆在江陵县春秋战国时期楚都郢城内进行大规模的勘探与发掘工作。
	4月	新疆维吾尔自治区库车县库木吐喇千佛洞防堤修建保护工程开始施工。
	5月	美国古人类考察组来我国访问。
	8月	英国文物保护访华小组来我国访问。
		伊朗考古代表团来我国访问。
	10月	罗马尼亚博物馆考古小组来我国访问。
		伊拉克考古代表团来我国访问。
	12月	"中国文物展览"在美国华盛顿开幕，以刘仰峤为团长的代表团参加了开幕式。
		湖北云梦秦汉古墓中出土一批秦始皇时代的法律竹简，共一千一百余枚。
1976年	3月	陕西省文博单位和北京大学、西北大学考古专业在陕西岐山、扶风周原遗址进行大规模考古发掘，发现西周时期宫殿遗址。
	4月	浙江省文化局在杭州召开河姆渡第一期发掘工作座谈会。
	7月	考古研究所在河南安阳殷墟遗址发掘妇好墓，出土大批铜器及玉器等。
		缅甸考古代表团来我国访问。
	9月	"中国文物展览"在菲律宾马尼拉开幕，菲律宾总统马科斯和夫人出席了开幕式。
		菲律宾考古学与人类学代表团来我国访问。
	12月	陕西省扶风县庄白发现一个西周时期的青铜器窖藏，共出青铜器一百零三件。其中墙盘一器，铭文284字，是解放后发现的字数最多的一件西周铜器。
1977年	1月	"中国文物展览"在澳大利亚墨尔本开幕，澳总理弗雷泽出席开幕式。
	3月	山东省开始勘察曲阜城遗址。
	4月	陕西周原遗址一个窖穴中出土甲骨一万五千余片。已发现有字的约一百七十多片。

	7月	中国科学院考古研究所与中国历史博物馆联合举办考古发掘展览。
	10月	"中国文物展览"在日本名古屋开幕。
以夏鼐为团长的中国考古代表团去伊朗访问,并参加伊朗考古学中心召开的伊朗考古学年会。
	11月	国家文物局在河南登封召开告城遗址发掘现场会,就有关夏文化问题进行座谈。
1978年	1月	国家文物局成立古文献研究室。
	4月	以夏鼐为团长的中国考古代表团去希腊访问。
"中国文物展览"在香港展出,港督麦理浩出席了开幕式。
	4月	湖北省博物馆在随县发掘战国早期曾侯乙墓,出土大批珍贵文物。
西藏自治区昌都卡若发掘一处新石器时代遗址。
	7月	以宫川寅雄为团长的日本考古学者代表团前来访问。
1979年	1月	河北平山战国中山王墓出土文物在故宫博物院展出。
	4月	中国考古学会成立大会及考古学规划会在西安召开。参加大会的代表一百多人。选出王冶秋、容庚、于省吾、徐中舒、商承祚、陈邦怀为名誉理事,夏鼐为理事长,裴中文、尹达、苏秉琦为副理事长。
国家文物局在陕西扶风召开周原建筑遗址座谈会。参加会议的有考古和古建筑方面的专家和专业工作人员五十多人。
	5月	德意志联邦共和国考古代表团来我国访问。
夏鼐率领的代表团参加纽约的中国青铜器讨论会。
1980年	3月	在南宁召开古代铜鼓学术讨论会,约60人参加。
	7月	在福建省德化召开中国古外销陶瓷研究会。
	11月	中国考古学会第二次年会在武昌召开,讨论关于楚文化问题。
在秦始皇陵西侧发掘铜车马坑,出土铜车二辆。
1981年	2月	中国社会科学院考古研究所王仲殊等出席日本召开的日中古代古坟讨论会。
	5月	《文物》出版三百期纪念号。
	9月	第一次中国碳-14会在北京举行。
	12月	中国考古学会第三次年会在杭州召开,夏鼐、苏秉琦等共123人参加了会议。
夏鼐任考古研究所名誉所长、王仲殊任所长、安志敏任副所长。
1982年	9月	以夏鼐为团长的代表团出席在美国檀香山举行的殷商文化讨论会。
北京猿人第一个头盖骨发现人考古学家裴文中逝世。
	10月	在广东省新会县召开中国古陶瓷研究会。
	11月	人大常委会公布《中华人民共和国文物保护法》。

1983 年	1 月	文化部成立国家文物委员会，夏鼐为主任委员。
	3 月	考古研究所名誉所长夏鼐，应日本广播协会（NHK）邀请，访问日本。讲稿译成日文，于 1984 年由 NHK 出版，书名《中国文明の起源》。
	4-5 月	河南偃师尸乡沟发现并开始发掘一座早期商城，可能是西亳故城。
	5 月	中国考古学会第四次年会在河南郑州召开，出席者计 117 人，讨论夏文化有关问题。
	7 月	考古研究所前所长尹达逝世。
	8 月	以中国为中心的亚洲地区考古学会会议，在北京和西安举行。会上推选中国代表夏鼐为主席。日本学者樋口隆康、金关恕参加会议。
	8-9 月	北非和亚洲研究国际会议在日本东京和京都召开，中国代表安志敏等参加。
		发掘广州市象岗山南越文王墓。
1984 年	5 月	《新中国的考古发现和研究》出版。
		《考古》出版二百期纪念号。

本表参考《文物考古三十年》（1979 年）中的"文物考古工作三十年记事"和本书日文版（1984 年）中的"中国考古、发掘简表"二文稍加增订而成。

附 录

夏鼐先生与中国考古学

樋口隆康

我第一次见到夏鼐先生是在 1957 年日本考古代表团访华的时候。当时，他是中国科学院考古研究所的副所长。看上去四十岁左右的样子，很年轻。他和另一位副所长尹达先生（1906—1983）共同协助郑振铎所长（1898—1958），接待了我们代表团的十名团员。他是中国方面负责处理一切招待事项的负责人，并且他能够说英语（这在中国的考古学家中是难得的），因而从始至终我们都仰赖他来帮忙。

当时，中日两国还没有恢复邦交。我们访问中国，因为没有得到日本政府的许可，以致在中国停留期间，大学里停发了工资。

但是，中国方面则给予了热情的接待，使我们去到了希望去的敦煌、成都等腹心地带。当时接触到的夏鼐同志，其温和的品格，萦绕于我的脑海之中，永远不会忘记的。

夏鼐氏的英国留学

夏氏于1910年生于浙江温州。1934年,由清华大学毕业。毕业以后,他于当年考取了清华大学的留美公费生的考古学门。这是作为中国考古学界培养苗子,为了学习近代考古学的技术、理论和知识而派遣的。依照校中规定,出国前要在国内预备和实习一年。

次年春,他以实习生的身份参加了安阳殷墟西北岗大墓的发掘工作。安阳殷墟发掘,是前中央研究院历史语言研究所于1928年开始的。当时的中国,还没有正式的考古学这门学问。但由于发现了殷代的甲骨文字引起了人们的注意,从而认为有必要对其出土地的殷墟进行发掘。历史语言研究所先派董作宾(1895—1963)前往调查和试掘,后来成立了考古组,由李济(1896—1979)担任主任,开始了殷墟的正式发掘。他们对于科学的发掘经验不多,而是在不断地产生错误并克服错误的过程中,逐渐地熟练了发掘方法。发掘了由夯土所构筑的宫殿以及埋藏了大量牺牲和财宝的王墓。发掘一直继续到 1937 年，由于抗日战争而中断。但它不仅使长期埋藏于地下的殷帝国文明得以再现，并使中国考古学作为近代科学而成长起来。

夏鼐氏参加的，乃是其中最精彩的 1935 年的西北岗殷王墓群的发掘工作。当时梁思永（1904—1954）为主任。厕身于石璋如、刘燿（尹达）等老手中间的新人夏鼐，虽只担任了发掘小墓，但毫无疑问，他在这时学到了不少东西。

是年夏间，夏鼐在征得学校同意后，改为出国到英国伦敦大学留学。当时的伦敦大学，是科学考古学的圣地。日本的滨田耕作（1881—1938）即是在伦敦大学从彼特里（W.F.Petrie, 1853—1942）教授学习，而将所学到的考古学研究法移植到了日本，最先在京都大学开了考古学讲座。众所周知，这已成了日本近代考古学的发祥地。

夏鼐氏留学的时候，彼特里教授已经退休，并定居于巴勒斯坦。伦敦大学田野考古学一门由 M. 惠勒（M.Wheeler, 1890—1976）先生接替他。这位惠勒教授后来曾担任印度的考古局长官，领导了印度和巴基斯坦的考古学。惠勒式发掘方法见于其所著《田野考古学》（《Archaeology From the Earth》），这是一本蜚声世界的书。惠勒所领导的梅顿堡（Maiden Castle）的发掘，夏鼐氏曾经参加过，是受到他亲自指导的。

此外，夏鼐氏还参加英国的调查团，到了埃及，从事埃及的考古发掘工作。以后，他曾赴巴勒斯坦参加发掘，并亲自向彼特里先生请教。夏鼐氏结束了在英国五年的留学生活之后，于1940年底回国。他从彼特里教授受业这件事情的本身，足以使中国考古学和日本考古学结成了师兄弟的关系；又从他和惠勒教授受业这一点来说，和印度考古学也可以说是有兄弟关系的。

当他回国的时候，正处于中日战争期间，殷墟发掘中断了。他暂时进了从南京内迁到四川南溪李庄的中央博物院筹备处。不久，进入了中央研究院。归国后他从事的第一件工作即是和吴金鼎（1901—1948）、曾昭燏（1909—1964）、高去寻（1910—1991）一起去调查和发掘四川省彭山县豆芽房和岩子山的崖墓。

1944年至1945年，他和向达（1900—1966）负责进行了西北科学考察团甘肃地方的考古调查。他调查并发掘了敦煌的佛爷庙墓地、月牙泉墓地和玉门关，以及宁定县的阳洼湾、民勤的沙井、武威的吐谷浑王族墓地等处。其中，对阳洼湾齐家文化墓葬的发掘，订正了当时学术界鼎鼎大名的权威人士安特生（J.G.Anderson，1874—1960）关于仰韶文化分期的论点。安特生的论点是：甘肃的新石器时代文化分为六期，认为不伴随彩陶的齐家文化，比有彩陶的仰韶文化为早，而将前者列为第一期，后者列为第二期。夏鼐氏在阳洼湾的发掘过程中，在齐家文化墓葬的填土中，发现并辨认出混入其中的相当于仰韶的半山式样的彩陶碎片。这一事实，表示了填土中的彩陶片，当较墓葬的年代为早，夏鼐氏断定齐家期应晚于仰韶期。根据发掘的层位关系修订了传统的学说，标志着这是中国的史前考古学的新起点。

后来，他追怀往事说，在甘肃地方调查发掘期间，由于在荒漠中与世隔绝并热衷于发掘工作，以致当时不知道二次大战已经结束了。

但是，1946 年，由于国民党发动了内战，战火纷飞，考古活动不得已而停了下来。

考古研究所的诞生

1949 年，在解放大军南下的同时，国民党总统蒋介石逃往了台湾。当时，故宫博物院的文物和中央研究院的文物都被迁往台湾。中国当时考古学中心的历史语言研究所的考古学者当中，也分为随渡台湾和留在大陆的两部分。李济、董作宾、石璋如、高去寻等随同殷墟出土遗物渡往台湾；夏鼐氏和梁思永、尹达、郭宝钧等则留在大陆。

其年 10 月，中华人民共和国成立了，同时创建了中国科学院，由郭沫若（1892—1978）担任院长。此外，还成立了文化部文物局，用以监督、管理文物及博物馆事业，局长为郑振铎。

1950 年，在中国科学院中设立了考古研究所，郑振铎任所长。郑氏一向是从事左翼文艺的活动家，并非专门的考古学者。副所长为梁思永。梁氏是清末民初有名的政治家、学者梁启超的次子，在美国哈佛大学专攻考古学，是领导安阳后岗三层堆积的发掘和殷王陵墓的发掘并取得辉煌业绩的著名考古学者。而第二副所长则为夏鼐氏。

新中国诞生以后，考古学上最先举办的一件事情，便是安阳发掘。安阳的殷墟，是科学发掘的发祥地，因而还是选择了该处为起点。这次发掘，由于是在考古研究所正式成立之前举行的，故而由有在安阳发掘经验的郭宝钧（1893—1971）负责。

这次发掘所选定要掘的地点为武官村。这是因为在中日战争期间，在这里发现了被称为司母戊鼎*的大方鼎，而该"武官大墓"离发现大鼎处不远，虽曾数度被盗掘，但随葬品仍有残留。发掘的结果，还发现埋了很多殉葬人及牺牲，认为应该是王墓。

作为考古研究所来说，其最初的工作是在河南省辉县所进行的发掘。夏鼐氏是调查发掘团团长，郭宝钧是副团长。从1950年10月至1952年间共发掘了三次。在这里，发掘了战国时代的大墓和车马坑。尤其是在发掘车马坑时，首次成功地搞清楚了木制的车箱和车轮的形状。

据夏鼐氏说，当发掘车马坑时，正是严冬季节，天气酷寒。发掘坑里每天早晨都是结冰的。在仔细地处理并溶化其冻结在遗构表面的冰层时，车轮和车箱的木灰部分往往难于保留下全形；必须特别注意填土和变成板灰的木质部分的土质和土色，而将变质了的木质混和泥土的松土与包围其外的填土，区别开来。将其灰黑色而质地稍松的部分保留下来，而将其周围的土剥除掉，车轮的形状就显现出来了。注意到这一点以后，发掘车子就容易得多了。现在，即便是年轻的研究人员也能够发掘车坑了。

（*）〔编者注〕近年，司母戊鼎被改称后母戊鼎。据了解，考古学界对此尚有不同意见，本书尊原著用名。

辉县发掘还取得了另外一项重大的成果。那就是对殷文化年代及其地域分野，有了提前与扩展。以前所知道的殷代遗址只限于安阳，其时代则是殷代晚期的。但在辉县也发现并发掘了殷代的墓葬和灰坑，并且该处所出土的青铜器与安阳所出者很不相同。

其后，考古工作者在河南郑州的发掘工作中，发现了比安阳更早的殷代中期的都城，证明了辉县所出殷代铜器和郑州出土的青铜器是属于同一时期的。

殷代遗址的调查，日益开展起来。在湖北省黄陂县盘龙城发现了和郑州相同的殷中期城址；并了解到殷代铜器的分布范围已扩展到了湖南省和江西省。

在河南省偃师县二里头发现了年代比郑州更早的殷代早期遗址；在那里发现并发掘了宫殿遗址，还出土了青铜器。

考古研究所还发掘了长沙的战国墓，洛阳西郊的汉墓，半坡新石器时代遗址，三门峡水库附近的遗址、墓葬，西安和洛阳两处的汉唐故城遗迹，等等。

中国的考古学，不仅仅是致力于研究；在关于文物保护方面，也还是予以足够的重视与采取相应的对策的。

在旧中国，重要的遗址遭到破坏，珍贵的文物流散国外，而当局毫无对策。新中国成立以后，立刻采取对策，颁布了文物保护法令。

解放后，全国各地开始了大规模的建设工程，随之而来的是大量地发现了遗址、遗物。对于如此大量遗址、遗物出土情况的调查，与实物的保护、保存，仅仅依靠考古研究所是绝难胜任的。

于是，考古研究所和文化部文物局与北京大学联合起来，组织、举办了考古工作人员训练班。从全国文物部门的青年当中，选其有志于考古事业者，集中于北京，进行三个月的短期训练班，教以考古学基础知识和发掘方法，包括参加田野工作实习。1952 年至 1955 年间，共举办了四届训练班，培训了考古工作人员 340 人。他们被送回原单位，分散全国各地，以便就近处理古文物出土方面的事情。

稀见的渊博的考古学者夏鼐氏

考古研究所出色的考古学者梁思永副所长，由于长期卧病，日益恶化，于 1954 年逝世。当时由尹达和夏鼐两位副所长协助郑振铎所长。1958 年，郑所长由于飞机失事，不幸逝世，当时由历史研究所副所长尹达兼任考古所所长。尹所长因为体弱多病，1962 年由夏鼐接任所长。其后，一直到 1982 年让席于王仲殊氏为止，夏鼐氏担任考古研究所所长历二十年。

其间，虽然也经历了"文化大革命"的考验时期，而他之所以能保持了中国考古学界顶峰的地位，是由于他高尚的人品以及专心一致力求学问上的精进。他不仅对于国内考古学，而且对于国际上考古学方面的知识之渊博，涉猎范围之广泛，作为一个考古学者来讲，也是无人可以与之匹敌的。

他研究的范围，重点之一是西域考古学。考古工作者要研究西域，仅仅具备中国考古学的知识是不够的，必须通晓西方的学问。例如，对于新疆所出丝织品以及中国国内出土的东罗马金币和萨珊朝银币的研究，我想，大约除他之外没有人可以胜任的吧。

他对于考古科学寄予极大的关怀，将考古学与自然科学结合起来研究，在诸如年代测定、分析，古代环境复原等领域中，最近焕然一新，突飞猛进地出现了新的边缘科学的研究。在考古研究所中，很早以前，即充实了碳-14等年代测定的设备。

夏鼐氏在任期间，中国的考古界中，不断地出现了重大发现。西安半坡新石器时代村落、偃师二里头商代早期宫殿、殷墟妇好墓、周原遗址、曾侯乙墓、中山王墓、江陵楚墓、秦始皇陵兵马俑坑、长沙马王堆、满城汉墓、广州南越文王墓、北京明代定陵，等等，简直不胜枚举。对上述诸多调查和发掘，夏鼐氏对于其中的大多数进行了有效的指导。在调查、发掘与保存等方面，力期万全。

在中国，作为对文化遗物保存、管理的最高咨询机关是在文化部下新设立的国家文物委员会。夏鼐任主任委员，与王仲殊等十名委员一起，提供关于遗迹、遗物的保存、保护工作的建议。

有一段时间里，似乎有发掘唐代则天武后乾陵的计划，后来之所以中止，即由于他们的关系。这是由于对于研究学术应采取严肃的态度，而力戒单纯以贵重文物哗众取宠、大事宣传的做法。

为了考古学者同行间的学术交流以及有助于学术研究，中国于1979年成立了全国考古学者联合体的中国考古学会，夏鼐当选该会理事长。理事共选出64名。此外，还给台湾的同行留出了两个理事席位。该会已经举行了四次大会，每次都规定了主题，大家来交换意见,现正顺利而稳步地走进了轨道。

夏鼐氏现在虽然在中国社会科学院副院长的地位上,但他作为考古研究所的名誉所长,每天仍到考古研究所上班,继续其研究工作。

他与很多国家的考古学界都有学术交流;并被选为英国学术院(1974年7月),德国考古研究所(1982年12月),瑞典皇家文学、历史、考古科学院(1983年12月)及美国国家科学院(1984年5月)等学术机构的通讯院士或外国院士。

1983年8月,以中国为中心的亚洲地区考古学会议在北京和西安召开。到会者有日本、朝鲜民主主义人民共和国、泰国、印度尼西亚、马来西亚、印度、尼泊尔、巴基斯坦等国的代表以及由日本、美国、英国、瑞典来的观察员。由日本来参加会的,有天理大学的金关恕教授和我。会上讨论了亚洲诸国考古学的现状与将来的协作趋势。夏鼐氏作为主办国家的代表,被全体代表推选为会议主席。在他的领导之下,这次大会解决了不少问题,取得具有实效的成果。

他不仅是中国考古学界中最有威信的人,在国际方面也是享有很高声望的、少有的考古家。

(原文载日文版《中国文明之起源》一书的卷首。本篇译成后,商得作者同意,稍作修改。)

书夏鼐先生讲演集后

冈崎敬

我第一次见到夏鼐先生是在 1957 年的 5 月。我是作为以原田淑人先生为团长的日本考古学协会中国视察团的成员而去的；加之，我是第一次去中国，因而所见所闻，一切都感到新奇。当时的考古研究所所长郑振铎先生出差不在北京，第一副所长尹达先生由于有病（译者按：原文误以当时的所长为尹达），所以由副所长夏鼐先生代行联系一切事宜。先生娴于英语，使我们得以畅所欲言。就是在这一次，杉原庄介先生作了关于《日本农耕文化之生成》的讲演。

北京参观日程终了以后，乘飞机经包头飞向兰州，目的是奔向敦煌。承夏鼐先生和北京大学苏秉琦先生一直送我们到飞机场，我们一行都是非常感激的。

从中国旅游归来，我转到名古屋工作。以后，由于设在福冈的九州大学创建考古教研室，我到了福冈，在该校工作。

1963 年秋天，夏鼐先生作为中国学术代表团的成员之一，第一次访问了日本。基于目加田诚先生的竭诚争取，邀请代表团到了九州。代表团到九州后，首先访问了九州大学文学部，由镜山猛、谷口铁雄先生陪同参观了太宰府，敲了观世音寺的古钟。当年的六月间，恰巧在饭冢市立岩下边的遗址中，从弥生式瓮棺里发掘出了六面前汉时期的铜镜，便将其照相制版并附以简单解说，赠送给先生一份。到现在为止，这是日本出土的最早的中国铜镜。

其后，先生忙于国内各地考古调查，几年来写了：

《十年来的中国考古新发现》，《考古》1959年10期。

《新中国的考古学》，《考古》1962年9期。

《我国近五年来的考古新收获》，《考古》1964年10期。

《五四运动和中国近代考古学的兴起》，《考古》1979年3期。

《三十年来的中国考古学》，《考古》1979年5期。

上述文章，都是按年度对全国考古调查发掘的收获与研究成果作了综合的论述。先生担任所长，站在最高层指导青年学者们的工作，因而能写出这些有分量的文章。

1974年8月间，应中国科学院考古研究所的邀请，我和宫川寅雄、关野雄先生一起，游历了北京、安阳、郑州、洛阳、西安等处。在北京，我们见到了王冶秋、夏鼐先生，并在历史博物馆见到了"汉唐壁画展"的原本陈列品。这就是以后在日本北九州市立美术馆等处举行的"汉唐壁画展"。

1977年7月至8月，我们的学术代表团（团长蜡山道雄氏），被首次允许进入新疆维吾尔自治区。这期间，参观了吐鲁番的高昌古城、石河子、伊宁等处。在进入新疆维吾尔自治区之前，拜会了夏鼐和王仲殊先生。这是我第一次去新疆。蒙先生在百忙之中和我们会面，回想起来实在觉得太叨扰了。

1978年11月，我和佐藤雅彦、长谷部乐尔氏等参观了上海、南京、扬州、西安、北京；1979年5月，我和三上次男先生一起游历了兰州、敦煌、西安、上海等处。当时，日本人已逐渐地可以结成团体到中国参观访问了。

1979年5月，应京都的日中学术交流恳谈会的邀请（译者按：原书误以东道主为京都大学），夏鼐先生作为学术代表团的成员来到了日本。这一次，学术代表团到了东京、仙台、金泽等处，进行了实地考察。末永雅雄先生还提到了希望尽快实现交换留学生的话。

1980年，日本广播协会订立了"丝绸之路计划"（有井上靖先生等），承蒙中国方面给予了协助和支援。三月间，我参加了铃木肇氏等的摄影队。因为楼兰地区不对外开放，所以该地区的调查工作由中国方面单独进行；我们则担任了自酒泉以北汉代城墙和西夏的黑城故址的调查工作。遗址全都在沙漠之中，中国方面曾作过调查。但迄今为止，外国人在该地域进行过调查的，只有斯坦因和瑞典的斯文赫定等人，日本人有机会来进行调查，这还是首次。这次踏查的情况，在日本广播协会电视节目上和《梦幻般的楼兰·黑水城》（日本广播出版协会，1980年）一书中，曾有详细的报道。

这一次，一到北京，我们立刻就到考古研究所拜访了夏鼐先生，以倾听他的意见。这个地区，即便是中国的学者，也并非轻易就可以进去的。

先生在中日战争期间，曾经在敦煌的沙漠之中调查发掘过古代墓葬。我还记得，他当时怀着昔年的体验，在我的笔记本上签名题词："丝绸之路为旧游之地。冈崎先生此次前往调查，预祝工作顺利。夏鼐1980年3月2日。"令人难忘的是，夏鼐先生的签名题辞，在旅途上对我发挥了极大的鼓舞作用。在归途中，我路经宁夏，参观了内蒙古自治区的呼和浩特。

1981年10月，我作为日本、朝鲜、中国考古学家访问团日方团长，周游了中国的东北地方。这次是先到北京，即日转赴大连。然后赴辽阳、沈阳、长春、哈尔滨、吉林，由吉林又回到长春，从长春乘飞机回到北京。北京的街道正披上了新装，非常美丽。

回到北京以后，我们首先拜访了考古研究所。在1957年时曾经盘桓过的会议室里，见到了夏鼐先生、王仲殊先生、安志敏先生以及其余诸位先生的风采。旧雨重逢，甚觉亲切。首先，我介绍了日本方面的成员。在我报告《东北考古学的道路》以后，夏鼐先生说：二十四年前曾经到过考古研究所的先生中，现在作为团长率领年轻人来这里访问，这还是头一个人。当时，恰巧在北京大学留学的日本留学生也在座；晚上，我们大家和先生一起吃了中餐，围坐畅谈，不觉夜深。

1982年秋天，由日本广播协会的丝绸之路调查队中担任"敦煌"工作的田川纯三氏联系，计划邀请夏鼐先生访日，并着手进行了准备工作。1983年3月间，先生偕夫人到了日本。对于将考古研究所所长的职务让给年轻的同志而担任科学院副院长的先生来说，长期以来，真是难得有这样偕夫人从容旅行的余暇。先生在东京、大阪、福冈先后举行了讲演会；在福冈，我曾出面帮忙招待。自从先生初次到福冈，已经过了二十年。回忆先生初次到福冈时，为了警卫，让学生住满了中国代表团下榻的旅馆。现在，旅馆已非常安全，和中国之间的文化往来也日益顺畅了。这次，先生参观了饭冢市立岩历史资料馆中展出的前汉铜镜和太宰府的县立九州历史资料馆。而这些建筑物，在先生上次到福冈时都还未建成。

在福冈，先生作了《汉唐丝绸和丝绸之路》(本书的第二章)的讲演，其内容具有相当高的水平，而且是向济济一堂的听众，借助小南氏的精彩翻译而进行的。有人说："讲得实在太好了，赢得了满堂称赞。"先生平易而又娓娓动听地向日本听众介绍了中国考古的成果。谨向先生致以感谢之忱；并祝愿先生永远健壮，为考古事业多作贡献。

《中国文明的起源》部分区域变更

页码	原名称	现名称		页码	原名称	现名称
002	浙江省余姚县	今浙江省余姚市		229	北京市平谷县	今北京市平谷区
	河北省满城县	今河北省保定市满城区		236	陕西华县	今陕西省渭南市华州区
006	河北省丰南县	今河北省唐山市丰南区			山东益都	今山东省青州市
007	四川省资阳县	今四川省资阳市		240	河南偃师县	今河南省洛阳市偃师区
009	云南禄丰县	今云南省禄丰市		243	河南省登封县	今河南省登封市
021	河南省淮阳县	今河南省周口市淮阳区		252	京山县	今湖北省京山市
026	滕县	今山东省滕州市			天门县	今湖北省天门市
	平度县	今山东省平度市			郧县	今湖北省十堰市郧阳区
028	胶县	今山东省胶州市		253	江苏省淮安县	今江苏省淮安市淮安区
035	牟平县	今烟台市牟平区		254	浙江嘉兴县	今浙江省嘉兴市
049	辉县	今河南省辉县市			山东省泰安县	今山东省泰安市
075	安徽亳县	今安徽省亳州市			上海青浦县	今上海市青浦区
086	陕西省临潼县	今陕西省西安市临潼区		255	甘肃武威县	今甘肃省武威市
087	四川省乐山县	今四川省乐山市		257	新疆维吾尔自治区库车县	今新疆维吾尔自治区库车市
096	山东邹县	今山东邹城市		258	广东省新会县	今广东省江门市新会区
117	巩县	今河南省巩义市		265	四川省彭山县	今四川省眉山市彭山区
139	吴兴县	今浙江省湖州市吴兴区			宁定县	今甘肃省广河县
144	广川	今河北省景县西南		268	湖北省黄陂县	今湖北省武汉市黄陂区
146	江苏省铜山县	今江苏省徐州市铜山区				
180	定县	今河北省定州市				
	耀县	今陕西省铜川市耀州区				